中小学语文教学指导丛书

丛书主编◎吴欣歆

王琦◎著

小学语文习作课程
可以这样做

北京师范大学出版集团
BEIJING NORMAL UNIVERSITY PUBLISHING GROUP
北京师范大学出版社

图书在版编目（CIP）数据

小学语文习作课程可以这样做/王琦著. —北京：北京师范大
学出版社，2020.6

（中小学语文教学指导丛书）

ISBN 978-7-303-25645-7

Ⅰ. ①小… Ⅱ. ①王… Ⅲ. ①作文课－教学研究－小学
Ⅳ. ①G623.242

中国版本图书馆 CIP 数据核字（2020）第 003911 号

营销中心电话　010-57654738　57654736
北师大出版社职业教育分社网　http://zjfs.bnup.com
电　子　信　箱　zhijiao@bnupg.com

XIAOXUE YUWEN XIZUO KECHENG KEYI ZHEYANG ZUO

出版发行：北京师范大学出版社　www.bnup.com
　　　　　北京市西城区新街口外大街 12-3 号
　　　　　邮政编码：100088
印　　刷：天津旭非印刷有限公司
经　　销：全国新华书店
开　　本：787 mm×1092 mm　1/16
印　　张：12.5
字　　数：210 千字
版　　次：2020 年 6 月第 1 版
印　　次：2020 年 6 月第 1 次印刷
定　　价：46.00 元

策划编辑：郭　翔　　　　　　　责任编辑：杨磊磊
美术编辑：焦　丽　　　　　　　装帧设计：焦　丽
责任校对：康　悦　　　　　　　责任印制：陈　涛

刘锡庆教授曾在《轻松阅读自由写意》一文中说"作文教学在整个语文教学中至少占半壁江山"。作为中国知名的研究写作教学的专家，刘教授的话并非夸张，而是真切道出了作文教学的重要地位。其实，哪一个长期从事语文教学实践与研究的教育工作者又没有这样的认识呢？无论是叶圣陶先生、吕叔湘先生、张志公先生，还是多年从事语文教学研究的大家、专家，都曾指出提高书面语言表达能力是中小学语文教学的重要任务。作文教学的重要性自不必说了。然而，几十年来，阅读教学与作文教学相比起来，大家更重视对阅读教学的研究。即便是在新课程改革中，阅读教学依然是热门话题，关注焦点。那为什么作文教学总有被忽视之感呢？我想，大家一定承认：作文难，作文教学更难。

学生怵作文，教师对作文教学同样发怵。许多语文教师对于如何开展作文教学心里没底，执教乏术。作文课也就是强调审题要准确、选材要新颖、内容要具体、语言要通顺这些要求。至于学生怎样有效提高作文能力，我们许多语文教师往往就束手无策了。

是的，作文教学难，这是个现实的问题。但是，也有一些有志于作文教学研究的一线同志，知难而上，在实践研究中探索写作的规律和作文教学的规律，并且取得了丰富的研究成果与很好的教学效果。王琦老师的《过程性小学语文习作课程的设计与实施》一书就是众多研究成果中的一个。我曾在一次全市的教研活动中认识了王老师，更是在那次活动中了解了她的这项作文教学课题研究，并且直观地感受了课题组教师的作文教学课堂。那次了解虽然不是很深入，但是已经让我有耳目一新之感。我曾提出了一些不成熟的一己之见，并希望她"咬定青山不放松"，把这个研究进行到底。

前不久，我忽然接到她的电话，她真诚地邀我为她的作文研究专著写序。于是，我先于教师们拿到了这本书的初稿。本想国庆假期再读，不想略翻数页，竟然被内容吸引，一口气读完。坦率地讲，无论是作为一名语文教学研究者，还是作为一名语文教学的实践者，我都能感到这本书的分量。这分量并非来自"有仙则名"——王琦同志就是一名普通小学的校长，她的团队也只是一群热心作文教学研究的教师。这分量实则是来自研究的"有法则灵"。这"法"是研究之法、教学之法、创新之法。这本专著、这项研究留给我以下几点深刻的印象。

第一，研究的学术性。一提学术好像就是大学教授的事。其实，中小学教学研究也需要增强学术自觉。学术性是在符合学科本身要求的边界内，以该学科特定的概念和范畴来解释问题。学术是系统专门的学问。中小学教师的教学研究尽管是实践研究，但是也会涉及学科的许多原理、概念等理论问题。因此，中小学教师在进行教学实践问题研究的时候，也会具有学术性的特点。我经常参加一些教学研究活动，在活动当中，会看到一些同志在研究问题上界定的不清晰，特别是概念的不清晰。这就使得教学的研究因为理性认识的模糊、甚至混乱，导致实践东一榔头，西一棒子；也使得研究者之间的对话沟通不畅。因此，我主张中小学教师的研究要自觉地用学术研究的思想与思维方法去规范，至少每一个研究者要清楚一个常识：没有理论指导的实践，往往是盲目的行动。读了王琦同志的这本研究专著，我们可以清晰地看到整个研究的逻辑。在这本书当中，她清晰地阐释了问题是怎样提出的，尤其是她对于这项研究的理论认识是深刻的。她不但从实践上分析了当前作文教学存在的一系列问题，而且明确了新研究的理论支撑。这些理论支撑反映了新课程改革以来的现代教学理论。比如过程性写作理论、任务型教学理论，特别是建构主义的学习理论。同时，她在研究的过程中也吸纳了我国有关作文的理论作为基础，其中涉及叶圣陶的作文论、张中行的作文思想以及习作的认知理论等。因此，过程性小学语文作文课程的相关研究是有学理依据的，从书中的实践论述也能够看到学理的影子。讲求学理是学术性的重要表现，有一些同志的研究往往缺乏学理依据，想当然地改革，使得研究难于深入，甚至只是炒作了几个新名词而已。正是因为王琦同志的课题组在研究中有着丰富的、清晰的、先进的理论支撑，才使得他们非常明确地提出了过程性小学语文习作课程的价值在于丰富和完善习作教学理论，在于进行过程性习作理论的本土化探索，更在于小学语文课程标准的落地生根，最终使学生的习作素养得以提升。

第二，研究的系统性。处于新课程探索的时代，一些教育工作者心情浮躁，难于静下心来搞研究，总是"急于出名"，所以在研究上蜻蜓点水，浅尝辄止，零敲碎打，不成体系。要知道，一项教学研究要真真切切深入进去，想要出成果，必须静心研究。这种静心研究的一个重要反映就是研究的系统性。系统性思维不但是学术性研究的必须与必然，也是研究者踏实工作的学术态度。王琦老师研究组的同志在本项研究中也指出了类似的问题。如书中写道：如今小学语文习作教学没有设置专门的习作教学课程，没有建立完整的习作教学体系，缺乏独立的习作教材，存在重"知识传授"，轻"能力培养"；重"外在输入"，轻"内在兴趣激发"；重"范文引路"，轻"生活体验"；重"习作指导"，轻"自主探究"的几大弊病。这说明研究者是具备一定系统思维的研究视角的。这本专著的内容则反映了研究的系统性，让读者从整体到局部认识了问题之间的内在联系。研究者从过程性小学语文习作课程的设计背景入手，谈对作文教学问题的分析与认识，明确研究的目的和理论依据。研究者进而从整体上构建起过程性小学语文习作课程的目标与内容。这就进一步明确了此项改革探索不是一般意义上的作文课堂教学方法的研究，而是站在课程高度对小学作文教学的一种整体的、系统的、富有创新性的构建。接着研究者对过程性小学语文习作课程的教学流程做了专门的阐释与介绍，把"过程性"给予具体的阐释、呈现。然后是过程性小学语文习作课程的课型探索。这两部分反映了教学过程"认识"与"实践"的关系，是"过程性"实践模式的反映。其中列举了大量案例，对于一线的教师具有极强的借鉴性。特别值得肯定的是，此项研究关注了过程性小学语文习作课程评价的内容，从而充分反映了系统性研究的特征，也使得作文"课程"研究回归了整体概念。研究者抓住"过程性""课程""构建"这些核心概念，对学生作文过程涉及的思维关联、生活经验、体验感悟、构思方法等问题进行探究，层层深入。就此，我们可以感受到研究者严肃、严谨、严格的学术态度与工作作风，以及脚踏实地做事的为学品质。

第三，研究的时代性。作为一项好的立足一线实践问题的教育研究，不但能够以"解决问题"为导向，更应该具有时代气息。读罢此书，我觉得这一研究具有鲜明的时代感。这种时代感表现在：其一，价值性。现代教育教学的研究首先要追问价值，特别是中小学教师的实践研究。王琦同志回答了这个问题。她指出：基于以上的思考结合学校的办学理念"为了人的终生发展和一生幸福",培养"全面发展的人"是我们课程的育人追求。小学过程性习作育人目标：热爱生活、观察生活、获得丰富情感体验，在阅读、生活实践和自由表达的过程中促进学生和谐发展，在过程性习作中提高学生的道德修养、审美情趣，逐步达到个性化的表达。这种回答直接指向当前我国基础教育的首要价值在于：立德树人。其二，儿童性。为什么要研究"过程性"问题？在问题的本质上忽视了什么？我从中读出了研究者对"儿童"的深切关注。关注儿童是现代教育的显著特征。王琦同志的研究的出发点和落脚点就是儿童的学习与发展。她们在研究中首先就是对学生的作文情况进行深入的调查，发现其中的问题。她指出：习作是学生抒发真情实感的结果，这就要求他们的心中要有观察和体验。学生缺少观察生活的习惯，缺乏自主积累的意识，无论生活如何多姿多彩，习作之时学生的头脑中仍然是空空如也，习作就成了无根之木、无水之源，沦为素材编造的"假、大、空"式的文字材料，更不要谈写作内容独树一帜、感受真实可感的文章了……现在的学生，缺少自主体验的意识。学生的学习生活、家庭生活与社会生活都是被成人安排好的，属于被动接受的状态。正是有着对儿童学习与生活的深切关注，才有了研究中对儿童生活的"解放"与视野的拓展，才有了课程建构中的"自主性""实践性""过程性""独特性"的四大特点。其三，创新性。首先是理念新。通过研究，研究者提出了"过程性"作文课程的概念与理念，走出了单一研究课堂教学方法的既往研究视野。其次是策略新。研究者在建构主义等诸多学习理论指导下提出了课程中"实践、阅读与习作的联结"的思路，把国家课程进行校本化，借助统编版语文课程的单元实践主题，把阅读活动、生活实践活动和习作活动整合在一起，构建了小学中高年级过程性习作的整体内容。最后是方法新。"过程性"怎么具体化、操作化？通过研究，研究者提出了具有创新型的课堂模式："读中悟写"过程性习作课、"实践体验"过程性习作课、"读写关联"过程性习作课、"跨界转化"过程性习作课、"自主修改"过程性习作课。这些课型并非单打独斗，而是各有任务，各有策略，相互关联。

这些感受，油然而生！认识肤浅，却也真诚！

从一本研究专著中，我可以感受到研究者付出的心血与智慧。对于王琦同志，我了解得不多。但是，我知道她是一所小学的校长，又是北京市语文学科带头人，是一位对语文教学研究热心、倾心的好教师。她在处理繁重的管理工作的同时，仍不舍对语文教学的研究。她谦逊、朴质、热情、实干，仅那一次教研活动的直觉，就使我相信，她的研究一定能见效果，出成果，收硕果。因为事业是干出来的！

　　在金色的秋天里，在阅读与思索中，我分享着劳动者的硕果。窗内窗外，正是秋色和谐。

　　　　　　中国教育学会小学语文研究会学术委员会副主任
　　　　　　北京市教育学会副会长
　　　　　　语文正高级特级教师
　　　　　　李明新
　　　　　　2019 年 10 月 5 日

目 录

CONTENTS

第一章　过程性习作课程的设计背景

本章是整个研究的逻辑基础与起点，主要论述了为什么我们要探索过程性小学语文习作课程，什么是过程性小学语文习作课程，过程性小学语文习作课程是如何提出来的，其理论基础是什么，以及过程性小学语文习作课程具有怎样的价值。据此，我们分析了过程性小学语文习作课程的现实需求、理论依据和价值意义。

第一节　现实需求

"作文难，作文难，一提作文就发怵"，小学语文习作教学中，时常见到这样的现象，说起作文学生们烦恼无比，即使一些成绩不错的学生也是一脸的不情愿。学生们说我们不知道该写什么，不知道该怎么写。教师的疑问则是，给学生一个命题作文，学生说得挺好的，怎么一让动笔就不会写了呢，是不是学生太懒，是不是态度问题，是不是不愿意写……那么会说就一定会写吗？习作的源泉又从何而来呢？

我们基于学生实际习作情况进行了相关的问卷调查和习作的案例分析，并对调查结果进行了整体深入地探究。

一、学生的习作困难

2016 年 9 月我们对某校三年级到六年级学生的习作情况进行了调研，发放试卷 987 份，其中有效试卷为 979 份。我们以学生对习作的喜好程度，学生习作知识的来源，学生习作的表达习惯和样式，学生阅读积累与习作四方面为调查内容进行调查，调查的结果分析如下：

(一)调查结果

1. 学生对于习作的喜好程度

"我最喜欢习作"的调查结果显示，有56.3％的同学对作文谈不上喜欢，也不是不喜欢。从对这一问题的分析来看，学生对习作的喜爱程度并不高。

2. 学生习作知识的来源

在"我的习作来源"一题中，81.5％的学生习作知识来源于课堂上教师的提示、启发，缺少真正的对生活的观察和体验，当贴近学生生活的习作题目出现时，也调动不出学生的生活经验。

3. 学生习作的表达习惯和样式

从问卷反映的内容来看，学生习作的表达习惯与样式主要来源于教师在平时课堂上的指导，来源于阅读课的学习和习作指导课上教师的指导，少数学生来源于课外阅读和家长辅导。

我校中高年级学生绝大部分都有习作前列提纲、写草稿的习惯。超过90％的学生喜欢同伴互相批改习作，不排斥其他人批改自己的习作。

4. 学生阅读积累与习作

在"我能够把阅读中学习到的习作方法运用到习作中"一项调查中，超过50％的学生没能将阅读与习作联系在一起，85％以上的学生没有记日记的习惯，但是积累素材的学生极多，达到了69.6％。

(二)调查结论

综合以上的问卷调查结果，我们可以得到如下结论：

1. 面对习作，学生普遍存在畏惧感，兴趣不高

一提起习作，学生就会产生这样的两个想法：其一，这是件艰难而且关系到自己成绩的大事，比如，课堂上，如果写不好，就需要重写或得到一个很不体面的成绩，重写是学生最不情愿的事情，成绩不好更是无法向父母交代，这无形中给学生很大的心理压力；其二，习作要成文，就要有章法，如何围绕题目思索、组织、分段编写，段与段之间又如何过渡等，必须勤摸索，牢牢记住，执笔时还要小心翼翼，这就难免让学生产生相应的畏惧感。

学生常常对习作提不起兴趣，少数学生一遇到习作就会嘴里叼支笔，懒懒地趴在桌子上，静静地与只写着题目的作文稿纸"相看两不

厌",这是很多学生习作时的状态。许多学生看到题目后,无从下手,不知如何立意,如何使用素材,多数情况下要依赖于教师的讲解,或借助作文范例模版来仿写;有些学生虽然可以独立完成习作,但写出的文章往往空洞无味,没有新意,学生未能真正进入作文角色中去,缺少个人的真切体验。学生往往把习作看成一次学习任务的被动完成,而没有真情实感的表达。

2. 面对习作,学生缺少对生活的观察和体验,不知道写什么

叶圣陶在《对于小学作文教授之意见》当中提到了什么是习作。他认为,习作是生活当中的一部分。"(习作)'要写出诚实的话,自己的话',空口念着这是没用的,应该去寻它的源头,有了源头才会不息地倾注出真实的水来……这源头很密迩,很广大,不用外求,操持由己,就是我们的充实的生活,生活充实,才会表白、发抒出真实的深厚的情思来……生活的充实是没有止境的,……因为这并非如一个瓶罐,有一定的容量,而是可以无限地扩大……作文原是生活的一部分呵。我们的生活充实到某种程度,自然要说某种的话,也自然能说某种的话……因为欲望的兴起这么自然,原料的来源这真切,更不用有什么顾虑了。我们最当自戒的就是生活沦没在虚空之中,内心与外界很少发生关系,或者染着不正当的习惯,却要强不知以为知,不能说、不该说而偏要说。这譬如一个干涸的源头,哪里会倾注出真实的水来?假若不知避开,唯有陷入模仿、虚伪、浮夸、玩戏的弊病里罢了。"①

由此,我们得出,习作是学生抒发真情实感的结果,这就要求他们的心中要有观察和体验。缺乏了对生活的观察和体验,习作就成了"无根之木""无水之源",沦为素材编造的"假、大、空"式的文字材料。

缺少观察生活的习惯,缺乏自主积累的意识,无论生活如何多姿多彩,习作之时学生的头脑中仍然是空空如也,更不要谈内容独树一帜,情感真实可感了。即使学生有生活的体验,但是因为没有将体验记录的自主意识,一段时间之后这段体验也将被渐渐淡忘。

现在的学生,缺少自主体验的意识。学生的学习生活、家庭生活与社会生活都是被成人安排好的,他们属于被动接受的状态。久而久之,

---

① 叶圣陶:《作文论》,见《叶圣陶教育文集》第三卷,300~301页,北京,人民教育出版社,1994。

缺少了主动体验的过程，而主观能动的缺失造成了"意外"与"兴趣"的缺失，体验的结果乏善可陈，无话可说，难忘的体验数量较少，习作也就变成了一件令人头疼的事情。

3.面对习作，学生缺少章法，不知道该怎么写

当学生开始习作时，如何将心中的所想所感很好地表达出来也是一个问题。

比如，不知道如何对素材进行取舍，无法很好地将习作所需要的几个素材进行组合，不知道如何将素材的细节详细而准确地表达出来，等等。

以上这些现象都是学生缺少习作方法所致。习作是将心中的所感所想用文字表达出来的过程，是对语言文字的一个艺术处理的过程，结构的安排、语言的表达、内容的取舍等都需要一定的方法和技巧。学生掌握了方法和技巧，面对习作就会更加从容，也就能将自己的习作能力提高一个层次。

二、教师的教学误区

习作能力是语文素养的综合体现，在小学阶段，语文教师需要思考如何培养与提高学生的习作能力。然而，在目前的小学习作教学实践中依然存在许多问题。

(一)传统的习作教学着眼于习作成果

教师在习作教学的操作环节上通常是先给学生一个习作题目，然后简单解题，要求学生在规定时间内完成，最后教师批改给分讲评。在最后的讲评环节中，一般是找出写得较好的习作，开始分析其立意的准确、结构的完整、语言的生动或是手法的巧妙等；有时教师也会将写得较差的作为范例，通过它的不足之处提醒其他学生加以注意。最后以学生完成一篇修改后的习作作为一次习作课的完结。这种教学法呈现给学生的多是陈述性知识，教师误认为习作是"理论"的问题，想当然地觉得学生一旦知道了好作文的标准，便能依照标准提高自己的习作能力，这显然没有意识到习作其实更是一种技能训练，习作更需要程序性知识和策略性知识，习作不能仅重视结果，还要重视成文的过程。

(二)传统的习作教学缺少独立性与体系性

如今小学语文习作教学没有设置专门的习作教学课程，没有建立完

整的习作教学体系，缺乏独立的习作教材，存在重"知识传授"，轻"能力培养"；重"外在输入"，轻"内在兴趣激发"；重"范文引路"，轻"生活体验"；重"习作指导"，轻"自主探究"的几大弊病。具体来说包括如下几个方面。

第一，从教学方式来看，小学生语文习作能力的培养被看成课堂教学的任务，教师在习作指导过程中过于注重培养习作理论技能，这种理念和方法导致语文习作教学有效性不足。小学语文习作教学强调教师引导学生结合范文学习习作知识，往往忽略系统科学的方式方法，这种以传授知识为目的的"以读促写"，仅仅让学生"记忆"干瘪的知识，并没有培养习作中真正需要的观察能力、分析能力、想象能力和语言文字的表达能力等，所以面临的后果是尽管教师看似教了，但学生还是"难以下笔"。

习作不单单是教师命题、学生书写的活动，它的范围更大。事实上，学生在日常生活中的习作活动范围比课堂习作大得多，习作活动的外延就是生活的外延。

在生活实践的体验中，学生大可少些拘束，自由驰骋，把自己的所见、所闻、所想、所感记录下来，这样在生活实践中体验过后的表达，就会比较容易做到思路灵活，文笔奔放。然而，由于年龄的限制，语言积累的匮乏，语言表达逻辑性不强，虽有感受，却往往会出现词不达意，语言表达苍白、干瘪，甚至前言不搭后语的现象。这就需要学生在整个习作的过程中，加入阅读，让阅读与生活体验相得益彰，为学生的表达提供语言表达的模型、语言表达的逻辑和丰富的词汇。

第二，从习作内容来看，习作是学生在现实环境中的个人生活体验，习作离不开生活。个人的生活体验很重要，但是学生平时的习作训练已经交给了课堂，并依赖于课堂教学指导，从而出现了习作与生活"两张皮"的现象，学生丧失了感悟生活的机缘和动力。学生用"成人思维""群性话语"模式来代替丰富多元的精神世界，习作无法体现出强烈的创新精神和批判精神，习作中生活的缺席已经成为一个引人注目的问题。教师以讲授为主，他们根据自己的经验判断和教学需要，选取自己认为恰当的典型范文进行剖析，缺乏符合学情、新鲜有趣的作文素材来调动学生的习作积极性。

第三，从习作目的来看，学生在习作时缺乏明确的目的意识和读者意识，唯一的目标就是完成教师布置的习作任务，也把教师定位为唯一的读者。因此大家都不约而同地把眼光集中在学生的文稿——成品作文上，很少关注、重视写前的思考和指导。

第四，从评价方式来看，教师对学生习作往往采取评语反馈的方式，这种单一性的终结性评价，忽视了学生习作构思、选材、预写、修改等多个环节的过程，容易降低学生习作的成就感。导致学生在反复习作训练后，习作能力依旧"原地踏步"，没有实质性的提高。

因此，改变习作模式成为当下习作教学变革的一种必然选择。基于课堂时间固定、人员集中、目标明确的优势，习作课堂应该成为学生交流习作思想、学习习作知识，师生对习文评改、进行反馈交流的场所，利用这种条件可使学生不断改造内化自身习作，不断形成对习作的意义建构，最终提升习作的有效性。习作训练应由课堂走向生活，在生活中进行观察与积累尝试习作练笔。

三、教材中的尴尬要求

《义务教育语文课程标准（2011 年版）》（以下称《课标》）的颁布对学生习作自由表达进行了更充分的说明与表述：如"阶段目标"中"能不拘形式地写下见闻、感受和想象"，"珍视个人的独特感受"；"教学建议"中提出"减少对学生习作束缚，鼓励自由表达和有创意的表达"，从中可以看到自由表达的确是新课程中习作教学的鲜明理念。

近些年，为了促进学生语文水平的发展，一线语文教师不断钻研教材，在扩展语文教育资源的同时也发现，原有语文教材中对于"习作"教学内容的设计存在一些弊端。

（一）习作主题与单元主题联系不紧密

通过整体解读教材，我们发现，人教版小学语文教材①某些单元的习作主题安排确实从学生的角度出发，具有开放性和自由性，但是，在实际操作中却缺乏明确统一的主题，造成费时、低效的不必要的后果。

例如，人教版五年级上册第一单元组的单元主题是"与好书相伴"，

---

① 截至 2019 年，教育部统编教材覆盖义务教育所有年级，本书是作者基于长期教育教学实践探索研究的成果，书中提到的关于人教版小学语文教材（2006 年第一版）的研究内容是长期研究思考的产物，此处作为案例呈现，故予以保留。

四篇课文分别从不同的角度讲述了中外名人读书的故事，本单元习作却是安排了三个方面的习作内容：

《窃读记》中的小女孩，在书店里得到了"窃读"的乐趣；《小苗与大树的对话》中的小女孩，在对长辈的访谈中获得了读书的启示。在你的读书经历中，有什么样的故事和大家一起分享呢？先说一说，再写下来，可以谈你和书的故事，也可以谈你读书的体会。

如果你采访了身边爱读书的人，你可以和同学交流采访的经过，谈谈采访的心得体会，再根据采访时做的笔记，仿照课文整理出采访记录。

人们常说："开卷有益。"但也有人说："开卷未必有益，看了那些不健康的书反而有害。"你对这个问题怎么看？我们可以展开一次辩论。

辩论结束后，可以以"记一次辩论"为题，写一写这次辩论的经过，也可以把自己对这个问题的看法写下来。

第三方面的这个"辩论会"是本单元主题的拓展和延伸。但是，本单元的主题旨在引导刚刚上五年级的学生爱上读书、与好书相伴，而如若学生只是写一写"辩论会的经过"，难免会偏离本单元的学习主题，那么习作之前的课文内容学习也就毫无存在的意义了。

本册教材中的第八单元的习作安排与单元主题联系不紧密就更为明显。这一单元的学习主题是"走近伟人毛泽东"，选择了四篇课文为学生介绍毛泽东的事迹，分别是《七律·长征》《开国大典》《青山处处埋忠骨》和《毛主席在花山》，而单元组安排的习作内容居然是这样的：

从本组课文中，我们可以学到一些写作的方法。请从下面提供的几个角度里，任选一个进行习作。

《开国大典》中，作者把开国大典的过程和场景写得很清楚。我们也可以选取一个场景，按时间顺序写下来。比如，班级联欢会，学校的一次活动，或者是电视里看到的运动会开幕式。写的时候要把场景写具体，写清楚。

我们在用文字向别人介绍一本书、一部电影作品或推荐一篇文章时，常常会用到写梗概的方法。写梗概，就是把书、文章或影视作品的主要内容用简练的语言写下来。

从最近读过的文章或看过的影视作品中，选择一个写梗概。写好之后读给同学听，然后根据同学的意见进行修改，使之更加清楚、明白。

不难看出，这一组习作内容的安排可能只是考虑到这是本册书的最后一个单元，给了学生习作成文更大的自由空间，但是，从单元课文学习的角度来说，这次习作的主题是不统一的，学生自由选择之后，极难一次就写成优秀文章，无论是写场景，还是写梗概，教师在课堂上也很难做统一指导，无形中加重了师生的课业负担。

(二) 与单元组课文学习内容脱节

以人教版为例，我们发现，单元组习作练习与前面所学的课文内容存在脱节的现象。

例如，人教版语文五年级上册第二单元，这个单元的主题内容是"思念家乡"，安排的学习课文内容也是如此，而后面的习作内容却是：

本组课文，写的都是对故乡的思念之情。你长大以后，或许会离开家乡，想象一下，当某一天你回到了阔别已久的家乡，将会是怎样的情境呢？

以"二十年后回故乡"为内容写一篇习作。尽情发挥你的想象，可以写家乡发生了哪些变化，哪些地方引起了你的回忆，可以写与亲人或同学见面的情景，也可以写你想写的其他内容。回忆一下课文中作者表达感情的方法，并试着在自己的习作中加以运用。

此次习作只关注了学生在学习时的方法习得，没有与本组课文联系起来，完全是建立在想象中的思乡。就算学生能够按要求完整成文，文中所表达的思乡感情也不会是真实的。而我们一贯要求学生在行文中一定要表达出自己的真情实感，这样的习作内容安排不适合学生真情的表露。

另外，在人教版六年级上册第五单元的习作中也出现了这样的现象。这一单元的主题是"走近鲁迅"，这是学生在整个学习过程中第一次接触鲁迅，单元教学内容特意围绕这一主题安排了有关鲁迅先生的作品：有的是回忆鲁迅的文章，如《我的伯父鲁迅先生》《一面》；有的是歌颂鲁迅的诗歌，如《有的人》；有的是节选自鲁迅先生的文章，如《少年闰土》。另外，在阅读链接中也安排了回忆鲁迅先生的两个片段，口语交际中也让学生说说心目中的鲁迅，日积月累板块向学生展示的、要求学生积累的同样是鲁迅先生的名言。然而在习作板块，教材却做了如下要求：

> 请选择一个角度，完成本次习作。
>
> 《少年闰土》写了有关闰土的几件事情，使闰土的形象跃然纸上。你也可以用一两件事来介绍你的小伙伴，要写出小伙伴的特点。

> 我和陈明是好朋友。一天，我们把在手工小组做的小木船拿出来玩，陈明一不小心把我的摔坏了。争执中，陈明又把它踩坏了，我非常生气，一把夺过他的小木船……
>
> 以上这段话只讲了故事的开头，没有详细地讲述事情后来怎样了，结果又是怎样的。请你根据自己的想象，把事情的经过和结果写清楚、写具体。

这两个习作，无论从哪个角度讲，和"走近鲁迅，初识鲁迅"都是没有任何联系的。习作所属的单元特点不明显，甚至和单元教学内容有所脱节。这让一线教师在使用教材时就会出现茫然的现象，无法准确把握教授时的着重点到底应该放在哪里，造成教师盲目教学，学生盲目习作的现象。

(三)教材中规定的习作内容远离学生生活

学生生活是习作的源泉，学生习作的内容、思想、观点、情感及一切素材都来自丰富的生活。叶圣陶先生说过："作文这件事离不开生活。"而学生的习作就应该反映学生的生活。我们认为，学生手里的教材是学生学习的样例，里面要有"老经典"，也要有"新经典"，课文如是，习作安排也应该如是。习作与课文内容对学生来说同等重要，也应与时俱进。可是，我们能看到的某些单元习作要求仍是老一套，距离学生的生活实际较远。例如，人教版五年级下册第一单元组后的习作是这样要求的：

> 在祖国的东西南北，有许许多多我们的同龄人。大家彼此建立联系，交上朋友有多好！让我们策划一次和远方小学生"手拉手"的活动。先商量一下，可以通过哪些方式与远方的小学生建立联系？取得联系后，可以开展哪些活动来增进彼此的了解，可以为对方做些什么有益的事？然后以个人或小组的名义，给远方的小学生写信。
>
> 在信里，可以先介绍自己的情况，再说说打算开展"手拉手"活动的想法，并提出可行的建议。信写完后读一读，改一改，最好能把信寄出去。
>
> 要注意信封的写法：信封的左上方写收信人所在地的邮政编码，上方写收信人的地址，中间写收信人的姓名，姓名要写的大一些。信封的右下方写寄信人的地址和寄信人所在地的邮政编码。

这样的习作活动很明显与现在的社会现状脱节。现在通信便利，学生如果要与远方的同龄人建立"手拉手"联系，大可不必只用通信方式，微博、微信照样可以做到，教会学生发微博、发微信也是一种适应现代社会的方式。再者，现在的小学生，"与远方的同龄人"建立联系的机会不多，如果不能建立联系，这样的习作内容就如同虚设。为完成任务而假想写信对象，勉强完成习作，是达不到教学效果的，甚至有可能会适得其反。

（四）习作缺乏具体指导

1. 缺少方法指导

纵观一些小学语文教材，在习作教学内容安排上，有一个明显的缺陷，就是缺乏具体的方法指导。我们常见的例子总是有要求，或者叫"温馨提示"，善意的提醒学生注意习作成文时的点点滴滴。可是学生写完后，大多数仍是不尽如人意。

仔细阅读教材中关于习作板块的内容，就不难发现，习作的要求出奇的一致。

人教版五年级上册第六单元习作：

世上最爱你的人就是你的父母。可是，在生活中，有没有你不理解父母或者父母不理解你的时候？让我们借这次习作的机会，和他们交流、沟通吧！

你可以从以下几方面考虑习作的内容：

你曾经有过不理解父母的时候，但通过一些事情，体会到了父母的爱；

你可以对父母提出一些建议，比如，请他们改进教育方法，或劝说他们改掉不好的习惯；

你想和父母说的其他心里话。

不论写什么，都要敞开心扉，写出你最想对爸爸妈妈说的话，表达自己的真情实感。写完以后，读给爸爸妈妈听，和他们交换意见。

人教版五年级下册第七单元习作：

一个特点鲜明的人，总是给人留下深刻的印象，即使偶然见上一面，他（她）的音容笑貌、举手投足，也会留在心中挥之不去。这次习作，我们就来写这样一个人，可以是身边熟悉的人，也可以是偶然见到的陌生人。写的时候，试着运用课文中一些写人的方法，写出他某一方面的特点。写完以后，同学之间互相评一评，改一改，让人物特点更加突出。

人教版六年级上册第三单元习作：

生活中，人与人之间需要相互关心、帮助。这次习作，我们就来写一写人们相互关爱的事情。写之前先想一想，事情发生在怎样的环境里，是怎么发生的，事情发展变化的过程怎样。写时注意人物的语言、动作、心理活动等，要表达真情实感。写完后可以和同学交换意见。

人教版六年级下册第一单元习作：

在《手指》中，作者以平平常常的手指为题，写了一篇饶有趣味的文章。我们身边也有许多普通的事物值得写，选择一个使你有感触的事物写一写，要写清楚事物的特点和你从中得到的感悟。

这些习作要求都提到了"真情实感"，都提到了"写清楚、写明白"，都提到了"写后修改"，但是仔细读来，似乎哪一个也没有说清楚到底要怎样做才能写好文章。习作的要求过于笼统，没有细化，更没有体现出习作的过程性，师生操作就难免会"高大上"而无法落地。

再如，人教版五年级上册第三单元是说明文主题，在单元课文内容之后，编者安排了学生学写简单的说明文的内容。

读了本组课文，你一定体会到了说明性文章的一些特点，学到了一些说明方法。本次习作，我们就练习写说明性文章。

你可以选择一种物品介绍给大家，如，蔬菜、水果、玩具、文具或电器。在习作之前，通过观察、参观、访问、阅读说明书等方式，尽可能多地了解这种物品，然后再想一想，可以从哪些方面、按照怎样的顺序来介绍，能用上哪些说明方法。

写完以后读给同学听，看看介绍清楚了没有，不清楚的地方再改一改。

这样的习作要求和提示似乎说得很详细了，但是学生在写起来依然是摸不着头脑，有些学生根本不知道该从何下笔。我们认为，如果在这样的习作要求中加入一些指导学生行文的方法，学生一定会豁然开朗。而前面所学习的说明方法及说明顺序的运用也会顺手拈来，这才是学生习作的真正目的所在。

2. 缺少例文引路

在小学阶段，学生还没有形成独立成文的能力，哪怕是小学高年级的学生，在习作方面，也需要范文引路。如果本单元课文不适合做学生习作的范文，就要在习作板块给出学生例文，让学生面对例文有勇气也有信心去完成自己的作文。

例如，人教版六年级下册在学完第四单元课文后，就安排了这样的习作内容：

> 读了《鲁滨孙漂流记》，你对他在荒岛上的经历一定很感兴趣。鲁滨孙在严酷的现实面前，战胜种种困难，顽强生存下来的精神，是否深深打动了你？虽然像鲁滨孙那样的遭遇是极少见的，但是，学会生存、具备自我保护的本领，对每个人都很重要。这次口语交际和习作，我们就围绕学会生存的内容来进行。
>
> 可以先说说由"学会生存"这四个字你想到些什么；再说说你遇到、听到或从电视、报纸、杂志等媒体上了解到的有关自我保护的事情；还可以结合阅读书后综合复习中《智慧之花》，或者观看有关电视节目，了解别人是如何进行自我保护的。和同学交流交流：我们可能遇到哪些危险或灾难？应该如何应对？
>
> 在口语交际的基础上，可以写一写自己经历的或从其他渠道了解到的自我保护的事情，也可以写读了《鲁滨孙漂流记》的感想。写完以后，自己把习作中不合适的地方修改一下，也可以与同学交换改一改。

其实，这个习作主题制定的特别好，很有现实意义。但是就是缺乏一定的范文例文，学生写起来往往会有"一箩筐"的问题或事例，不知道如何删减甄别，也不知道应该按照什么顺序来叙述和表达，造成"不知从何写起"或者"东一榔头，西一棒槌"杂乱无章的现象。

而部编版的教材在这一点上，就比人教版教材有很大改进。部编版教材在每一单元的习作板块中都安排了"学生例文"。学生写起文章来就容易多了，行文能力再差的学生也能"按图索骥"，言之有物了。

(五)习作安排不成体系

1.阶梯式练笔不多

我们认为,无论是知识学习还是技能学习,学生的学习是循序渐进的过程。而《课标》中也提到,学生的学习是"螺旋式上升"的,这就要求编者在教材内容安排上就要有此考虑。可是在我们翻阅了一些教材之后,发现在习作教学内容安排上并没有很好地体现出这一点。

以人教版高年级教材为例,每一册的单元组习作之前,我们认为应该结合学习内容和主题,安排适当的小练笔,帮助学生在完成单元习作时积攒材料、形成思路。可是,这几册教材每册都只安排了三四个课后小练笔,这无法使学生形成习作学习的系统,体现不出学习过程性的痕迹。更有甚者,有的单元课后小练笔安排的内容与本单元的习作关系并不紧密。

例如,人教版六年级上册第三单元的主题是"人间真情",单元组后的习作安排如下:

> 生活中,人与人之间需要相互关心、帮助。这次习作,我们就来写一写人们相互关爱的事情。写之前先想一想,事情发生在怎样的环境里,是怎么发生的,事情发展变化的过程怎样。写时注意人物的语言、动作、心理活动等,要表达真情实感。写完后可以和同学交换意见。

在本单元课文学习后完全可以根据单元内容安排学生收集日常生活中的人间真情片段进行练笔。可是,本单元仅有一次的课后练笔安排在《穷人》一课,内容却是这样的:

> 结合课文内容,展开想象续写《穷人》。写后和同学交流。

我们认为,编者依然只是从写法角度考虑学生的习得,促使学生学以致用,但是忽略了习作内容的选材。我们要在练笔中帮助学生积累材料。

2.内容安排前后脱节

任何一册教材都应该考虑到内容安排的前后关联,这样,教师和学生使用起来才会有主动建立学习认知的意识，构成系统的知识体系。而我们纵观小语教材之后发现，有些教材同册之间习作内容的安排是有脱节现象的。

例如，人教版五年级下册教材第一单元组的学习主题是"走进西部"，学完课文后，安排的习作内容是"与远方的同龄人通过书信方式建立手拉手关系，并学写信封"。学生在四年级时已经学过了写书信的格式，而当时在学习书信格式时，也只是写一封书信，没有安排学生学习写信封，那样的学习就是"为了学习而学习"，学生的知识和技能根本就没有落地的可能。而在五年级下册才安排学生学写信封格式，明显是有安排内容上的脱节的，这样的设计安排如同虚设，对学生的技能训练起不到作用。

四、习作教学改革势在必行

从上面的调查研究可以看出，小学生对于习作存在兴趣上、方法上、能力上的不足，一些教师的习作教学模式也存在一些僵硬、套路的问题，而小学语文普遍未能有习作专门的教材，现行教材中对于习作的内容也缺少行之有效的方法指导。我们认为，学生习作内容的安排需要方方面面地与时俱进，从内容到形式，从认知到理论，从技能到思维，都需要有所改变，新的习作教学探索势在必行。

过程性习作教学关注习作的全过程，结合小学生的认知规律和身心发展特点，重视对学生习作兴趣的激发，对教师习作教学的良性改变，对小学语文教材的多样运用。过程性习作训练中以学生习作素养的养成为主线，结合阅读、观察、修改、发表等一系列训练策略，重在培养学生的想象力、创造力等自主习作的能力与思维。学生在自然愉快的体验中发展习作能力，在合作与探究中实现习作能力的螺旋上升。合理有效的习作过程既能提高学生习作能力，又能促进师生、学生之间和谐共处，实现教和学的共赢。

总之，通过调查研究与长期作文教学经验我们发现，很多小学生作文缺少生活源泉，常常无话可写，即便写出来，也缺少文学性，日常阅读所积累的好词佳句、作文结构等并不能运用于习作之中。同时，我们也发现在传统作文教学模式下教师常常对于习作教学感到力不从心、缺少系统方法，不知如何引导学生对其生活经验进行文学性提炼，加之小学语文教材中习作教学安排缺少系统性，作为教材主体的阅读教学内容很多与习作是相互脱节的，使得学生习作之时对文本的模仿与借鉴意义丧失了，同时，习作教学缺少与学生生活经验的有效衔接。凡此种种，都让我们产生了对于当前习作教学进行改革的迫切需求，在此需求驱动下，我们开始探索一种有效的小学作文教学模式，即过程性习作教学，重点突破学生阅读、生活与习作三者之间的真实内在联结，设计有助于学生习作学习的活动过程，注重学生习作方法与经验的习得与积累。

第二节　理论依据

在分析当前小学语文习作教学问题基础上，我们进行了大量理论学习与实践尝试，逐渐探索出一条联结阅读、经验与习作之路，并在实践中逐渐形成"过程性小学语文习作课程"。在本节中，我们对过程性小学语文习作课程的提出以及相关文献、理论基础等进行了分析与阐述。

一、"过程性习作"的提出

针对通过调研发现的问题，我们努力寻找决问题的策略，确定了以"阅读""实践""习作"三者作为习作全过程的过程性小学语文习作课程，以提高小学语文习作教学质量，提升小学生习作素养。

《现代汉语词典》中"过程"指"事情进行或事物发展所经过的程序"[①]。在不同的领域，对"过程"都有不同的界定。哲学意义上的"过程"是哲学的重要分支，它认为世界就是过程。过程哲学家怀特海（A. N. Whitehead）在他的《过程与实在——宇宙论研究》中提出了一个能动的、创造性的、开放的宇宙观，其根本是过程和事件，他主张用"关系—观点"看世界。过程哲学是怀特海对现实世界的构造所提出的一种新范式和新视角。按照怀特海的理解，所谓"过程"就是构成有机体的各个元素之间在时间上和空间上进行的、符合的、内在的、持续的运动。过程是事物发展与变化并走向目的的必经环节和途径，离开了过程中的

---

① 中国社会科学院语言研究所词典编辑室：《现代汉语词典》第 6 版，500 页，北京，商务印书馆，2012。

变化、价值延伸和价值拓展，任何事物的发展目标的实现都只能是空谈。所以，过程是事物的存在方式，世界的本质就是过程的存在；同时，世界的实在性正在于它的过程性。所以，他坚持过程就是实在，实在就是过程。①

教育意义上的"过程"主要由杜威（John Dewey）在教育目的论中提出，"教育的过程，在它自身外没有目的；它就是它自己的目的"，"教育的过程是一个不断改组、不断改造和不断转化的过程"。② 他认为，离开了过程就不可能有真实意义上的教育，过程就是教育活动的存在方式和展开形式，教育的过程就是儿童生长的过程。

德国教育家布列钦卡（W. Brezinka）在分析教育科学的基本概念时指出：教育不只是一种"产品概念"，更是一种"过程概念"，是反映活动过程属性的概念，教育"是一种影响；一种传递人类文化财富的过程；是一种引导的经过或过程；是一种形成的过程"。③ 教育的过程是教育活动的主体围绕一定的活动主题，在特定的情境中，通过互动式的交往而进行的建构性实践活动，是教育要素之间交互作用的变化和发展的过程。在这一过程中，师生在信息沟通、思想交流、情感交融的基础上，使学生的知识与技能、情感态度与价值观达到由量变到质变的飞跃。

基于此，本研究将"过程性习作"定义为：以过程为中心的习作行为，是以进行习作行为所经过的程序、阶段为焦点的习作教学方法。其具体操作程序包括两个纬度，教师纬度"过程性习作"指教师在预写作、打草稿、修改、校订、发表这五个阶段中布置习作任务并督促、检查其学生完成；学生纬度"过程性习作"指通过陈述性知识、策略性知识的学习来开展自己的习作行为，完成习作任务，其中，以小组合作学习为核心学习策略。

该课程是以"学生个性化习作"为目标，把"功能化的阅读活动""主题化的实践活动"和"个性化的表达活动"三者作为一个习作的全过程来

---

① ［英］怀特海：《过程与实在——宇宙论研究》，李步楼译，北京，商务印书馆，2017。

② ［美］约翰·杜威：《民主主义与教育》，王承绪译，54 页，北京，人民教育出版社，1990。

③ ［德］沃尔夫冈·布列钦卡：《教育科学的基本概念：分析、批评和建议》，胡劲松译，上海，华东师范大学出版社，2001。

整体构建。

具体说来过程性小学语文习作课程是以语文实践活动为载体，从实践的内容出发，通过生活体验获取直接经验；阅读相关文学文本，获取作者的间接经验，是生活实践、阅读和习作三者融为一体的课程。它是对国家语文课程的二度开发，以教材单元主题为牵动，整合了课内外的阅读、生活实践和习作。

二、文献综述

(一)过程性写作

过程性写作起源于美国的"创意写作"，这项研究始于纠正学生的写作错误并不能提高学生的写作水平的这一发现。从 1960 年开始，许多美国语文教师开始运用创意写作的方法避免修改学生的作文，以激发和培养学生的创意，然而一些学生的作文错误百出使读者很难理解。

1. 过程性写作的理论研究

20 世纪 70 年代末西方语言学家针对传统写作教学法的弊端提出了过程写作法。美国西北大学教授华莱士·道格拉斯首先提出了过程写作法。他认为写作是一个循环式的心理认知过程、思维创作过程和社会交互过程。写作者通过写作过程中一系列协商、监督、互评等认知活动和交互活动提高其认知能力、交互能力和书面表达能力。过程写作法符合语言教学发展规律，提倡以学生为中心，强调写作过程是一种群体间的多项交际活动，而不是个人的单独行为，强调反复修改在写作中的作用。过程性写作教学的五个步骤：第一，写前准备阶段(Planning/Pre-writing)。该阶段是写作前的"热身运动"，有助于激活学生已有的背景知识，使他们对所写内容产生兴趣。作者首先确定主题，尽可能多地收集素材，触发灵感，拓宽思路。在课堂教学中，教师可通过"头脑风暴"和小组讨论等课堂形式激发学生的思维。学生集思广益，借鉴他人提出的观点，分享集体讨论的资源，各抒己见，不断丰富写作主题。通过一些具体的课堂活动形式，学生围绕写作主题交流观点、看法、体会等。第二，初稿阶段(Drafting)。在初稿阶段，写作者注意的是写作思路的通畅、行文的流利、言之有物，而不是语法的正确与语言的凝练、准确。第三，反馈阶段(Responding/Peer-conferencing)。反馈包括来自教师的反馈和来自同学的反馈，这也是过程写作的最主要的特色所在，是过程写作教学成功实施的关键环节。第四，修改阶段（Revising）。在课堂教学中，修改阶段应该是一个写作者进行自我反思，同学之间相互商讨、相互评估、提供富有建设性反馈意见、优化初稿和结构的过程。修改不同于编辑，并不是以检查语法错误为目的，而是着眼于改善全文的思想内容和逻辑结构，以准确表达写作者的意图为目的。在修改阶段，可以尝试让学生两人一组互相朗读对方的初稿。第五，编辑阶段（Editing）。这一阶段主要涉及写作时应遵循的一些惯例，如语法、评写、措辞、表达方式、标点符号等。

国内学者胡新颖认为，过程性写作的写作阶段应分为准备（prewriting）、草稿（drafting）、修改（revising）和分享（sharing）这四个阶段。[①] 张坚认为一个完善而成熟的过程性写作应包括以下八个阶段：输入（input）、初稿（first draft）、同级互评（peer review）、二稿（second draft）、教师批阅（instructor's comments）、师生交流（instructor/student conferences）、定稿（final draft）和讲评（sharing or presenting）。董蓓菲则认为预写作、打草稿、修改、校订和发表是"过程性写作教学法"的五个阶段。[②] 虽然国内外学者们对过程性写作的具体阶段有着不同的见解，划分也有所区别，但他们一致认为每个阶段在真实的写作过程中都是循环往复、相互补充的。

20世纪70年代，一些美国专家、学者和写作教师意识到传统结果性写作的弊端，在批判的基础上开始将研究的焦点从写作的结果转移到写作的过程上。以何济生、王家云为代表的一批学者，最先将过程性写作这一新的写作教学法引入我国，并尝试将其与结果性写作进行比较研究。之后，关于过程性写作和结果性写作的对比研究不断增加。陈静、高苗青和于红以过程性写作多稿反馈机制与结果性写作一稿反馈机制的对比为研究重点，认为过程性写作对学生的写作意识、写作兴趣、写作策略及写作习惯等方面都能够产生积极的影响，同时能有效弥补结果性写作的不足。[③] 而董蓓菲则是根据对"结果"与"过程"所分属的文章写作教学和过程写作教学这两大作文教学流派在价值取向、学习观、教学预

① 胡新颖：《过程写作法及其应用》，载《外语与外语教学》，2003(9)。
② 董蓓菲：《清单写作：过程写作法的本土化实践研究》，载《语文学习》，2019(5)。
③ 于红、高苗青、陈静：《"过程写作法"与大学英语写作教学改革探究》，载《成功（教育）》，2009(5)。

设、教和学的行为、教学关注点以及各自优势等方面的对比分析，得出了我国传统的文章写作教学必然向过程写作教学转型的结论。

经过对比研究之后，国内外学者和专家普遍认为过程性写作相较于传统的结果性写作而言具有明显的优势。荣维东也是如此，他甚至提出了我国主流作文教学中的"结果教学法"除了应付作业和考试外，可谓是百害而无一利的主张。[①]

2. 过程性写作的实践探索

(1)英语作文教学

过程性写作运用于英语作文教学中，大致分为三个方向：其一，过程性写作实际运用中的效果与问题研究。这一研究屡见不鲜，综合来看，学者、专家以及一线教师普遍认为过程性写作对各学段英语作文教学均产生了积极的影响，但不可忽视的是，任何一种方法都不是万能的，我们都应该在具体运用中趋利避害。其二，多媒体网络环境中的过程性写作探讨。在结合运用的过程中要注意，多媒体网络的利用能给过程性写作带来便利的条件与广阔的平台，但还是要尽可能地避免其消极影响。其三，过程性写作教学中积极情感因素的培养。它以学生这一作者为中心，在学生写作过程中充分调动学生的主动性与积极性，培养积极的情感因素。

(2)汉语写作教学

目前我国对过程性写作的研究不少，但大部分研究局限于英语写作教学，而对于汉语写作教学的探究涉及不多。其一，实践总结与思考。在汉语写作教学方面，研究与实践最多的便是七年级至九年级作文教学和高中作文教学这两部分了，多见于期刊和硕士论文中，然而，涉及小学习作教学的文章较少。其二，新兴视角的探索。张华霞根据教学实践，提出了"过程写作教室"这一新名词，并对它进行了具体场景的描述：教室里，学生们为完成教师布置的写作任务，以小组为单位进行学习、交流与讨论，各个小组或正在讨论组内成员的草稿，或正在评阅其他小组同学的作文，或正准备张贴自己的作文成稿。[②] 张静经过调查研究，认为过程性写作虽然耗时过多，但在应用文写作教学中仍能发挥其

---

① 荣维东：《写作课程范式研究》，博士学位论文，华东师范大学，2010。

② 张华霞：《一种创意写作教学法的研究——过程写作教室》，载《语文学刊》，2013(24)。

独特优势：真正做到以学生为主体，教师及时给予学生各种反馈，让学生独立或合作去发现、研究和解决问题。① 其三，具体课例的分析。胡根林联系国外过程性写作的情况对施轶老师的一节作文指导课做评点，指出其突破在于将过程写作中的"预写作环节"即构思过程变成可教可学的内容；但忽略了语言形式，准确地讲，忽略了读者。而读者关乎文章为什么写，写给谁看等重要问题。

过程性写作在一定程度上提高了学生的写作能力，提升了教学质量，但不可忽视的是，它也存在占用课时多、易流于模式化等局限性。因此，我们在教学实验中要灵活运用过程性写作，趋利避害，发挥过程性写作的最大效益，以提高写作教学的有效性。

（二）任务型教学

1. 国外研究

任务型教学发展于 20 世纪 70 年代，它是一种系统的方法、技巧和原则，它围绕着"任务"的设计、完成和执行，以学生的个人经历为主，并在此基础上关注学生学习的过程。在语言教育家斯基汉（Skehan）看来，任务型教学与其他交际教学的最根本区别是，它更强调通过具有明确目标的"任务"来促使语言学习者更主动地学习，提高语言运用能力。这充分表明在语言学习过程中交流的重要性、有意义的语言内容的重要性以及语言教学交际的准确性。

从 20 世纪 80 年代开始，任务型教学作为一种新型语言教学理论开始逐渐被人们认可。到了 90 年代，任务型教学受到众多学者的关注，越来越多的国家把任务型教学应用于语言课堂教学并取得了显著成效。普拉布（Prabhu）在印度地区运用强交际理念指导教学实验，要求学生在课堂上完成具体的交际任务，在此过程中语言学习随着任务的执行而产生，即"从做中学"。普拉布首次在课堂上通过完成任务促进语言学习，这次尝试是任务型教学的大胆尝试，受到了语言界众多学者的关注。纽南（Nunan）则将任务型教学的组成要素归纳为教学目标、信息输入、活动方式、师生角色和教学环境。此后，威利斯（Willis）对任务做了进一步研究，他提出任务实施五项原则，即学习者要接触实用且有意义的语言，应尽可能地运用语言，学生在执行任务时要运用语言，运用

---

① 张静：《应用文写作中的过程教学法研究》，载《铜陵学院学报》，2014(3)。

语言时要注意语言的本身特点，不管在什么情况下所运用的语言应该突出。此外，威利斯还把任务型教学过程严格地分成任务前、任务中以及任务后三个阶段。威利斯指出，任务型学习过程所强调的是在学习语言中体现"意义至上"和"使用至上"的原则。

在进入 21 世纪，国外对任务型教学的研究进入了全新的阶段。罗宾逊（Peter Robinson）对任务型教学中任务认知的复杂性及其对语言学习产生的影响做了深入的论述，同时还分析了学习者在学习的过程中对任务难度的理解等方面的问题。

2. 国内研究

从 20 世纪 90 年代开始，任务型教学在我国引起了越来越多学者的重视，推动了任务型教学理论和应用研究的进一步发展。

庞继贤认为"任务"即为"做事"，学习者在此过程中始终保持一种积极主动的心理状态，任务参与者之间的交际过程也是一种互动过程。为了在课堂教学中完成教师布置的阅读任务，学生通过语言的和非语言的意义竭尽全力调动各种相关资源，共建意义，从而达到教学的目的，即解决某种交际问题。因此，任务型教学的内涵可归纳为：教师在教学中以具体的任务为基础，将课堂教学目标更真实地体现在任务中，在督促学生完成教师布置的任务的基础上，更好地实现教学效果。

鲁子问首次正式提出"真实任务教学"这一概念，并在其著作《中小学英语真实任务教学理论与实践》[1]中对该理论进行了全面阐述。这一概念是基于我国中小学英语教育的真实现状（教学目的、教学环境、学习机制、教学要求、教学方法、教学条件等）提出的教育理论，是以培养学生在真实情境下的英语语言综合运用能力为目的的教学，对于促使任务型理论在我国中小学英语教学中的应用和规范我国的任务型教学具有积极作用。其他学者和一线教师也从不同角度进行了任务型教学本土化的研究。

倪文赛提出"任务驱动式"小学英语课堂教学模式和原则，并就其教学结构实践运用过程进行了探讨。[2] 李震提出了建构中国本土化任务型

---

① 鲁子问、张荣干：《中小学英语真实任务教学理论与实践》，北京，中国电力出版社，2005。

② 倪文赛：《"任务驱动式"小学英语课堂教学模式的探索和实践》，载《中小学英语教学与研究》，2001(5)。

教学的原则：任务型教学中学得与习得结合，且以学得为主的原则；语言知识、技能与综合运用语言能力相结合的原则；学生需求与发展相结合的原则；任务型教学与非任务型教学辩证统一的原则。① 苏志敏将任务型教学与我国英语教学实际相结合，构建了任务型教学四阶段模式，即任务呈现、真实学习任务、真实运用任务和任务反省。② 何静合理借鉴传统教学方法的优点，探讨了中国本土化任务型教学模式建构的理论依据、原则和具体结构。③

通过上面的论述，我们可以得出，国外比较早地开展了对于任务型教学的探索研究，理论方面日渐成熟，研究内容更为精细化、具体化，研究对象更具有操作性，对国内任务型教学奠定了坚实的理论研究和实践指导基础。

程晓堂在《任务型语言教学》一书中系统论述了任务型教学的原则：①真实性原则：设计任务时所采用的输入材料应来源于生活实际，完成任务的情境和具体活动也应当尽量贴近真实生活。②形式/功能原则：任务型语言教学将语言形式和功能的关系明确化，让学习者在任务履行中充分感受语言形式和功能的关系以及语言与语境的关系，增强学习者对语言得体性的理解。③连贯性原则：该原则强调教学组织中任务实施的连贯与流畅。不管是一节课的若干任务，还是一个任务的若干个子任务，都应当互为联系和补充，共同为实现本节课的教学目标服务。④可操作性原则：重视任务在具体课堂环境中的可操作性，设计的任务必须为学习者所接受和便于实施。⑤实用性原则：教师应利用有限的时间和空间，尽其所能为每个学生的个体活动和学生间的相互交流创造条件。⑥趣味性原则：教师在设计任务时要充分考虑到任务的趣味性和任务形式的多样化，避免反复多次的机械任务。④

综合以上观点，我们总结任务型教学为一节课在新知识学习之前，以一个综合任务调动学生活动，使学生进入一种悬而未决、又力图解决的认知冲突情境中，由学生运用已知经验和学科知识，先独立后合作地

---

① 李震：《任务型教学在我国基础教育英语教学中的应用》，硕士学位论文，西南师范大学，2004。
② 苏志敏：《任务型教学模式在中学英语教学中的应用》，载《决策探索》，2015(12)。
③ 何静：《任务型语言教学中国本土化的探究》，硕士学位论文，2009。
④ 程晓堂：《任务型语言教学》，北京，高等教育出版社，2004。

解决这个任务，学生在此过程中进行身体的外部活动和内部活动，与环境发生交互作用，从而获取所要学习的知识，在完成这一系列的任务之后，教师同学生一起回顾整个教学过程，再次归纳和总结，并在此过程中不断探索新的教学方法和学习方法。教学模式包括三大环节：课前准备、课堂活动及课后反思。课前活动主要针对教师的课前准备，设计任务。课堂活动以教师作为整个学习过程的主导，学生作为主体，教学过程的基本流程包括以下六个方面：①呈现学习任务，②创造学习情境，③分解学习任务，④自主协作，⑤展示比较，⑥评价反思。学生接受任务、明确任务后，围绕任务展开自主学习，首先进行个体学习，再进行小组交流学习，取得成效之后，学生进行小组展示，加强小组之间的交流沟通，教师需要引导学生顺利完成任务，对任务成果进行总结、评价并做补充。课后，教师和小组要进行必要的反思总结，提出课程改善建议，总结反思教与学的情况。

英语过程性写作理论在一定程度上改变了重视写作"成果"的弊端，增加了学生间的合作与交流，改善了评价方式单一的缺点。任务型教学强调了学生在任务的驱动下利用已掌握的知识与能力自我解决问题的过程，调动了学生学习的积极性。过程性小学语文习作与这两种教育理论与实践有相通之处。尤其是英语的过程性写作理论更是本课程的基础。而本课程也是以一个主题任务贯穿习作的始终，通过实践、阅读与习作三个环节，解决学生的问题，促使其完成习作。

三、理论基础

(一)建构主义学习观

1. 建构主义学习理论发展

建构主义最早是由认知心理学家皮亚杰(Jean Piaget)提出。皮亚杰的建构主义基于他有关儿童的心理发展的观点，他提出了发生认识论，坚持从内因和外因相互作用的观点来研究儿童的认知发展。他认为，儿童在与周围环境相互作用的过程中逐步建构起关于外部世界的知识，从而使自身认知结构得到发展。他确信学习最基本的原理就是发现。他认为知识既非来自主体，也非来自客体，而是在主体与客体相互作用的过程中建构起来的。一方面，新经验要获得意义需要以原有的经验为基础；另一方面，新经验的进入又会使原有的经验得到丰富、调整或改造，这就是双向的建构过程。因此，他认为学习的实质就是主客体双向建构的过程。① 在皮亚杰这一理论的基础上，科尔伯格(L. Kohlberg)在认知结构的性质与认知结构的发展条件等方面做了进一步的研究；斯腾伯格(R. J. Sternberg)和卡茨(D. Katz)等人则强调了个体的主动性在建构认知结构过程中的关键作用，并对认知过程中如何发挥个体的主动性做了认真的探索。而维果斯基(Lev Vygotsky)则提出了"文化历史发展理论"，强调认知过程中学习者所处的社会文化历史背景的作用，并提出了"最近发展区"的理论。维果斯基认为个体的学习是在一定的历史、社会文化背景下进行的，社会可以为个体的学习发展起到重要的支持和促进作用。维果斯基区分了个体发展的两种水平：现实的发展水平和潜在的发展水平。现实的发展水平即个体独立活动所能达到的水平；潜在的发展水平则是指个体在成人或比他成熟的个体的帮助下所能达到的活动水平，这两种水平之间的区域，即"最近发展区"，教学应该着眼于学生的"最近发展区"。

建构主义理论的内容很丰富，流派众多，且有不同的理论倾向，但都坚信知识是由认知主体主动建构的结果，学习是一个意义建构的过程。

2. 建构主义学习理论的基本观点

建构主义的知识观认为：知识不是对现实的准确表征，它只不过是人们对客观世界的一种解释、假设或假说，它不是问题的最终答案，它必将随着人类的进步而不断地变革、升华和改写，出现新的解释和假设。

建构主义学习观认为：人的认识本质是主体的"构造"过程，所有的知识都是主体自己的认识活动的结果，主体通过自己的经验来构造自己的理解。所以，学习不是由教师把知识简单地传递给学生，而是由学生自己建构知识的过程。学生不是简单被动地接收信息，而是主动地建构知识的意义，这种建构是无法由他人来代替的；学习不是被动地接收信息刺激，而是主动地建构意义，是根据自己的经验背景，借助其他人（包括教师和学习伙伴）的帮助，利用必要的学习资料，通过意义建构的方式而获得的，是对外部信息进行主动地选择、加工和处理，从而获得

---

① ［瑞士］皮亚杰著，卢濬选译：《皮亚杰教育论著选》(第二版)，北京，人民教育出版社，2015。

自己的意义，建构自己的理解的过程；学习也不是简单的信息积累，更重要的是包含新旧知识经验的冲突，以及由此而引发的认知结构的重组。学习过程不是简单的信息输入、存储和提取，是新旧知识经验之间的双向的相互作用的过程，也就是学习者与学习环境之间互动的过程。因此建构主义学习理论认为，学习环境中的四大要素为：情境、协作、会话和意义建构。①情境。学习环境中的情境必须有利于学生对所学内容的意义建构。②协作。协作发生在学习过程的始终。协作对学习资料的收集与分析、假设的提出与验证、学习成果的评价直至意义的最终建构均有重要作用。③会话。会话是协作过程中的不可缺少的环节。学习小组成员之间必须通过会话商讨如何完成规定的学习任务的计划。此外，协作学习过程也是会话过程，在此过程中，每个学习者的思维成果为整个学习群体所共享，因此会话是达到意义建构的重要手段之一。④意义建构。这是整个学习过程的最终目标。在学习过程中建构意义是对当前学习内容所反映的事物的性质、规律以及该事物与其他事物之间的内在联系达到较深刻的理解。由此，获得知识的多少取决于学习者根据自身经验去建构有关知识的意义的能力，而不取决于学习者记忆和背诵教师讲授内容的能力。

建构主义教学观认为：教学不能无视学生的经验，从外部装进新知识，而是要把学生现有的知识经验作为新知识的生长点，引导学生从原有的知识经验中"生长"出新的知识经验。教学不是知识的传递，而是知识的处理和转换。教师不是简单的知识的呈现者和传递者，其应该重视学生自己对各种现象的理解，倾听他们的看法，洞察他们这些想法的由来，并以此为根据，引导学生丰富或调整自己的理解。教师应是学生主动建构意义的促进者、合作者和帮助者，是整个教学过程的组织者、指导者和协调者。建构主义把教学看成一种培养学生主体性的创造活动。学生是教学活动的积极参与者和知识的积极建构者，建构主义要求在教学活动中尊重学生的主体地位，发挥学生的自觉性、主动性和创造性，不断提高学生的主体意识和创造力，最终使学生成为能自我教育的社会主体。建构主义认为教学应重视学生原有的知识经验背景、社会历史文化背景、学习动机以及情感态度等多种智力因素和非智力因素在认知学习过程中的综合作用。

总之，在本研究中建构主义主要体现在以学生为中心，在整个教学过程中由教师起组织者、指导者、帮助者和促进者的作用，利用情境、协作、会话等学习环境要素充分发挥学生的主动性、积极性和首创精神，最终达到使学生有效地实现对当前所学知识的意义建构的目的。

（二）语文习作相关理论

1. 叶圣陶的作文论

"写作材料都是诸位生活里原有的，不是从生活以外去勉强找来的。换句话说，这些写作材料都是自己的经验。我们平时说话，从极简单的日常用语到极繁复的对于一些事情的推断和评论，都无非根据自己的经验。因为根据经验，说起来就头头是道，没有废话，没有瞎七搭八的无聊话。"

"再说经验有深切和浅薄的不同，有正确和错误的不同。""我们写作，正同说话一样，总希望写出一些深切的正确的经验，不愿意涂满一张纸的全是一些浅薄的错误的经验。不然，就是把写作看得太不严正，和我们所抱的态度违背了。"

"写作材料的来源普遍存于整个生活里，整个生活时时在那里向上发展，写作材料自会滔滔汩汩无穷尽地流注出来，而且常是澄清的。有些人不明白这个道理，以为写作只要伏在桌子上拿起笔来硬干就会得到进步，不顾到经验的积累和洗练，他们没想到写作原是和经验纠结而不可分的。"①

叶圣陶先生曾经说过，"教阅读教的好，更不必有什么专门的写作指导"，这说明作文教学可以渗透到阅读教学中，读写不分家，以往学生常常认为将阅读时的感受写成随笔，就不是作文，这其实是教师引导的误区，教师可以将某个比较有嚼头的阅读文章巧妙地渗透于作文教学中，促进学生将在阅读时学到知识迁移到写作过程中。

从中我们得出，习作中的一个很重要的要素就是"生活体验"，在生活体验中学生提升认识，建立正确的观点，丰富情感体验。在生活体验中学生得到正确、深切的经验，而这经验恰恰可以解决学生不知道写什么的问题。现今，学校课程生活中涵盖了约占学科 10% 的实践活动：社会大课堂、综合实践活动、课后三点半的社团活动、各种学农的劳动活动及游戏等，这些都为学生提供了正确、深切的生活经验。这也成了

---

① 叶圣陶：《写作什么》，见《叶圣陶教育文集》第三卷，356、360、361 页，北京，人民教育出版社，1994。

学生丰富的习作素材。所以,"生活体验"应该成为学生习作过程中必不可少的一个环节。

2. 张中行的作文思想

张中行老先生在《作文杂谈》一书中,提出什么是作文?"作文是一门课,上课,教师出题,学生围绕题目思索,组织,分段编写,至时交卷,教师批改,评分,发还,如是而已。"但是实际上的作文呢?"作文是一门课程,提道作文,我们就想到这是指教师命题学生交卷的那种活动,自然也不错。……事实上,这类编写成文的活动,范围却比课堂作文大得多。"他还提道,"所谓作文,不过是把经过自己构思、自己组织的话写为书面形式的一种活动"。①

由此,我们认为,习作更应是一个课程,在整个课程中应该把习作看作有计划、有目的、有步骤、有组织的活动,是学生生活实践、阅读实践、习作实践的全过程,习作课程更应强调它的过程性,在整个过程中应该从学习的主体需求出发涵盖计划、阅读、实践、预写、讨论、修改、分享全过程,而这些不单单是一节习作课能够完成的。

3. 习作认知理论

学科教育心理学是这样定义写作的:写作是学生把思维活动转变为语言表达的心理过程,在这一过程当中,除了思维和表达两大因素外,还存在着一个极为重要而又常常被人们忽视的因素,即转换,我国学者刘淼提出了写作的三极转换理论。一级转换,从思维到内部言语的转换,是直接进行的,学生在这个阶段,将思维中想要表达的内容,挑选并固定下来,常常运用语言点的形式,这些语言点,就是内部言语,要很好地完成这一过程,需要作者思考清楚,在自己的思维中,哪些是打算写在作文中的,哪些是不需要写进作文中的等,即要对全文进行构思,然后,用圆点的形式将这些内容固定下来,这就要求作者有清晰的思路和用内部言语固定思路的能力。二级转换,从内部言语到外部口头言语的转换。此外要特别指出的是,从内部言语到外部书面言语的表达,也要经历二级转换过程。写作教学,是经由教师指导,使学生个体有效提高写作能力及水平的过程,写作教学历来是语文教学的重点,也是难点,因为一个人的写作能力既与他掌握的词语数量、句型结构有关,也取决于他的观察能力、情感态度、思维品质和价值取向等多种内

---

① 张中行:《作文杂谈》,8、11、12 页,北京,中华书局,2012。

在因素，因此教师不仅要教给学生写作的技巧，更重要的是激发学生写作的兴趣，培养他们敏锐的观察力和对生活的感悟能力。三级转换，是培养学生的迁移能力，从阅读学习到写作学习的迁移，是指一种学习对另一种学习所产生的影响。由此可见，习作教学中的过程不能脱离阅读活动。在整个习作过程中，因该有一个重要的环节就是阅读，建立阅读和习作之间的关联，让阅读活动在整个习作实践中发挥它应有的功能，是建立新的习作课程必不可少的一个环节。[1]

建构主义强调学生是课堂教学的主体，即要以学生为主来开展教学，而教师则是知识学习与建构的引导者和促进者。基于建构主义理论，将教师将原有的知识基础与新学知识内容联系起来，激发学生学习兴趣，进而让他们融入学习氛围当中。建构主义的知识观和学习观在很大程度上与小学语文习作的理念相一致。因此，将建构主义理论运用在小学语文习作教学过程中，有助于激发学生习作学习兴趣，提高学生学习的主观能动性，培养学生创新能力与合作能力；有助于学生建构习作体系，进而优化课堂教学过程，提高学生学习效率，最终达到提高学生综合语言运用能力的目的。

叶圣陶先生和张志公先生分别就"写作与生活"和"写作与过程"进行了研究与阐述，他们认为在生活中习作能够更好地获得直接体验，"我手写我心"，习作不应该局限在室内、书桌前，应该在实践中体会、思考、记录，进而完成写作。相关的习作认知理论研究了思维领域的习作完整过程。这些相关理论对本研究有深刻的启发：习作应该是一个计划、阅读、实践、预写、讨论、修改、分享的过程，习作的范围应该是生活的范围，在实际的写作教学过程中，教师要强调听、说、读、写能力的有机结合，通过创设、复原或者直接参与习作相关的教学情境，激发学生的习作欲望，让学生在体验、阅读与习作中真正地爱上习作。

总之，过程性小学语文习作课程以建构主义学习理论、语文习作相关理论为基础，同时借鉴了过程性写作、任务型教学等相关研究成果，探索出了一条联结阅读、经验与习作并将之系统化、文本化与课程化的道路，引导学生做中学、做中体会，注重学生习作经验的获得与积累，以生活为习作源泉，引导学生在运用中习得阅读文本的语言与方法，并逐渐建构起自己的习作思维与方法。

---

① 刘淼：《作文心理学》，39～49 页，北京，高等教育出版社，2001。

第三节　价值意义

过程性小学语文习作课程的开发与实施具有重要意义，其强调学生习作过程的学习与体验，沟通与联结了经验、阅读与习作，丰富与完善了习作教学理论，对国外过程性写作理论进行了本土化探索，有利于《课标》的落实，提高了学生的语文及习作素养。

一、丰富和完善习作教学理论

过程性小学语文习作课程通过分析目前小学语文习作教学存在的问题，利用过程性写作的相关理论，设定过程性小学语文习作课程的教学策略，丰富和完善习作教学理论。

第一，对于习作教学的创新。传统习作教学侧重于习作技巧的传授，忽略了学生的知识经验和情感的抒发，使习作教学变成了一个简单的过程；随着素质教育的推进以及教学理念的变化，习作教学需要转变以传授为主的局面。对习作教学的研究立足于《课标》的"以学生为主体"的基本理念，主张"习作教学应贴近学生实际，让学生易于动笔，乐于表达"，强调"应引导学生关注现实，热爱生活，积极向上，表达真情实感"，强调应注重培养学生观察事物、思考问题、表达情感和进行创造的能力，这是对习作教学的创新。

第二，有利于促进教师的习作教学。本课题所研究的习作教学内容的选择，可以为小学语文习作教学提供直接的方法（或模式）参考，提供习作教学的一种新模式。

第三，有利于提高习作教学的有效性。研究有效的过程性指导的习作教学策略（或教学模式）是为了更好地提高习作教学的课堂效率，对"如何开展习作教学的过程性实践活动"的回答，可以给习作教学活动带来更加良好的教学效果。

二、开展"过程性写作"的本土化探索

"过程性写作"概念在西方提出并在英语写作中被广泛应用，但目前对于汉语写作教学的探究涉及不多。那么"过程性写作"对于小学语文习作教学有什么指导性的作用？通过研究我们总结了以下三点。

（一）将重视习作结果转移到重视习作过程

重视习作结果就是在学生独自完成习作后由教师纠正语言错误。这种传统的习作教学方法与学生的认知规律相矛盾，同时由于评价方式的单一而无法激发并促进学生习作的兴趣和热情。习作需要程序性知识和策略性知识，习作应是一个过程。唯有将习作教学步骤化，依照习作过程一步步设计教学步骤，让这些教学步骤和学生的思维与习作活动相吻合，确实将着眼点放在学生的习作过程上，才有机会解决当前学生在习作中存在的疑惑和难题。显然，这一点是只重视习作结果难以实现的。而重视习作过程却可以在一定程度上还原、扩大习作过程的每一个环节，并着力于让学生在自己的习作过程中更加注重反思，从而使学生逐渐提高习作能力。

（二）关注习作过程中的个体体验

在"过程性习作"中，学生的习作分为：写前阶段、起草阶段和写后阶段。

在第一阶段中，学生确定习作主题，明确习作对象，收集与习作主题相关的内容，搭建习作框架，学生需要调动自己的体验去思考人物、事件、地点、经过和感受。第二阶段中学生与同伴合作，分工起草习作，集中集体智慧共同讨论完成提纲，然后自行进行习作预写。第三阶段是学生起草完初稿之后，进行互评与自评，通过同伴修改和自己修改提高习作的内容、结构与语言。在整个过程中，学生通过教师引导自主完成或同伴互助完成任务。

（三）关注习作中的修改过程

在写后阶段，学生小组合作进行习作的评价。在小组内学生朗读自己的初稿，经过比较、发现、提建议、修改的过程，完成初稿的修改，最终完善文章。首先，通过同学之间的相互交流、相互建议、相互批改这种方式，学生对习作的批改有了更多的认识，掌握了更多的方法，提高了修改能力；其次，学生经过互评的过程，增强了文章的欣赏能力。

三、推动"课程标准"的有效落地

（一）依据《课标》确定习作标准

《课标》对小学习作的总目标表达如下：

能具体明确、文从字顺地表达自己的见闻、体验和想法。能根据需要，运用常见的表达方式写作，发展书面语言运用能力。

"具体明确"，是对整体习作内容的总要求，即表达要围绕一个主题做到言之有物。"文从字顺"，是对习作语言的总体要求，即表达有条理，言之有序。"表达自己的见闻、体验和想法"，是强调个性化的表达，要求写自己在生活中的所见、所闻、所感。也就是说，凡是自己看到的、听到的、感受到的，只要是有益而无害的，无一不可成为习作的内容。在这里更强调内容是否真实，当然这里的真实是指客观的真实。第二方面就是是否通达，也就是说文中要有自己的思想认识，即使这认识并无独到之处，也总要有的。三是看感情是否真挚，无论是课外练笔，还是课堂习作，都要表达真情实感。所以真情实感至关重要，语文习作教学只有贴近学生实际，让学生易于动笔，乐于表达，才能引导学生关注现实，热爱生活，表达真情实感。

从习作的角度看，习作教学目标涉及习作前，习作中和习作后三个阶段，从习作的过程来看，习作前要有阅读引路，要有生活实践的观察，习作后要有反复的修改，这样无论是写话还是习作，写出的内容才能具体明确、文从字顺。应该说，上述目标较为明确地指出了小学习作的标准。

(二)依据《课标》确定习作内容

《课标》指出："要大力开展语文综合性学习。"传统的语文课程，始终围绕着课本下功夫，师生要始终在课堂的小天地里打转转。习作教学更是如此，师生要在课堂上完成"命题—选材—构架—成文—修改"一系列的标准化动作。实际上，习作与社会生活息息相关，习作要表达人生体验，"语文的外延与生活的外延相等"，脱离了丰富多彩的生活，学生不可能形成丰厚的语文素养。鉴于此，《课标》大力倡导语文综合性学习，这为习作的过程打开了一扇窗，一扇由课堂通向生活实践的窗。

综合性学习并不是一种具体的学习方法，而是与学科课程、活动课程并列的一门独立的课程，其内容和方式主要有两类：一类是学生自主进行的主题活动，如演讲，办刊，主题队会、班会、辩论等；另一类是学生从生活中所选择的语文或与语文相关的专题学习活动，如调查本班同学的书籍收藏情况等。这些活动为小学生习作提供了丰厚的习作素材。按形式分，有讨论、演讲、辩论、参观访问、考察、调查等；按内容分，有国际理解、环境教育、信息教育等；按活动范围分，有校园活动、家庭活动、社区活动等；按活动成果分类，可分为文字类、口语类、图表类、实物类等。

从《课标》的分目标中我们可以更加清晰地看到习作的内容(见表 1-1)：

表 1-1　第二、第三学段习作内容

第二学段(3～4 年级)	第三学段(5～6 年级)
能用简短的书信、便条进行交流	能写简单的记实作文和想象作文，内容具体，感情真实。能根据习作内容表达的需要，分段表述。学写读书笔记，学写常见应用文

上述学段目标，我们不难看出小学生习作的目的是与他人交流，以记录学生生活为目的。所以改变过去单纯依赖教师在课堂上带领学生闭门造车的弊端，为培养学生习作能力，提高学生习作兴趣，激发学生习作欲望，丰富学生习作内容，应提供更加开放的视野和广阔的学习空间。

(三)依据《课标》确定习作过程

《课标》倡导自主、合作、探究的学习方式，语文课程必须根据学生身心发展和语文学习的特点，鼓励学生自主阅读、自由表达，充分激发学生的问题意识和进取精神，关注个体差异和不同的学习需求，倡导自主、合作、探究的学习方式。此外，语文应注重听说读写的相互联系，注重语文与生活的联系，注重知识与能力、过程与方法、情感态度与价值观的整体发展。其中特别强调：习作是运用语言文字进行表达和交流的重要方式，是认识世界、认识自我、进行创造性表述的过程。

《课标》提出，在写作教学中，应注重培养学生观察、思考、表达和创造能力，要求学生说真话、实话、心里话，不说假话、空话、套话。由此可见，习作教学离不开生活的体验，生活的体验应成为学生习作的一个重要的环节或者说是一个必不可少的过程。

《课标》还提出，语文教育应尊重学生在学习过程中的独特体验。"注重体验"是《课标》重要的教育理念之一。在"前言"的"正确把握语文教育的特点"中明确指出："注意课堂内容的价值取向"，"同时也要尊重学生在语文学习过程中的独特体验"；在"总目标"中，则把"具有独立阅读的能力","注重情感体验"列为其中一项；在"实施建议"中又强调"要珍视学生独特的感受、体验和理解"。可见，"注重体验"不仅是语文教育的"特点"，而且是语文教育的"目标"，还是语文教育的实施方法。这亦是习作教学的特点。所谓"体验"，就是"通过实践来认识周围的事物；亲身经历"。[①] 为什么今天的语文教学特别关注体验？也正因为作为学习主体的学生在语文学习过程中的知、情、意、行的亲历和验证，对于学生语文素养的形成和发展，对于学生的全面发展与终身发展具有重要意义。从学生的实践活动、阅读活动和习作活动之间的关系来看，"体验"是一个过程，在阅读活动中，学生获取间接的体验，通过阅读学生可获取作者的认识、情感态度、观察视角、表达方式、思维方式，从而产生自我感悟，并逐渐积累成自己的宝贵财富，成为今后生命之旅的底蕴。对于习作实践活动来说，学生单单获取间接的体验是不够的，还应获取自己的生活体验，这样才有独特性。

所以，阅读实践活动和主题性的生活实践活动是习作教学实践活动中必不可缺少的两个环节。

(四)依据《课标》确定习作评价

《课标》设定的第二学段和第三学段的教学目标划定了小学习作教学要达到的标准。为达到其标准，需要依据目标确定教学方向，选择适宜的教学行为。

《课标》提出了习作教学的基本方向，习作能力核心要素、习作形式要求、习作数量和速度要求，我们可以将小学习作教学的方向性目标转化为实施习作教学行为的操作性目标，包括价值性指导目标、过程性指导目标和内容训练目标。

1. 价值性指导目标

小学阶段的习作是为了培养学生表达、观察的能力，使其珍爱生活，从而提高学生习作的自信心，进而提升学生的语文综合素养。上述内容可以在表1-2中得到有效印证。

---

① 中国社会科学院语言研究所词典编辑室；《现代汉语词典》第6版，1281页，北京，商务印书馆，2012。

表1-2 第二、第三学段习作教学目标

	第二学段(3~4年级)	第三学段(5~6年级)
情感态度	乐于书面表达,增强习作的自信心。愿意与他人分享习作的快乐	懂得写作是为了自我表达和与人交流
	观察周围世界,能不拘形式地写下自己的见闻、感受和想象,注意把自己觉得新奇有趣或印象最深、最受感动的内容写清楚	养成留心观察周围事物的习惯,有意识地丰富自己的见闻,珍视个人的独特感受,积累习作素材

2.过程性指导目标

提高学生的习作能力,不能只停留在习作指导课上,而是应该体现在一次次的习作过程性指导上。这个过程应该是确立习作目标,通过生活体验确定习作内容,通过阅读实践学习习作方法,通过反复修改完善习作这样的过程(见表1-3)。

表1-3 第二、第三学段习作目标

	第二学段(3~4年级)	第三学段(5~6年级)
内容与形式	能用简短的书信、便条进行交流	能写简单的记实作文和想象作文,内容具体,感情真实。能根据内容表达的需要,分段表述。学写读书笔记学写常见应用文

确定习作目标是第一个环节。习作是记录学生生活足迹,记录学生与他人交流的方式,也是学生提升学业水平的重要途径。走进习作任务之前,先要明确为什么写,写给谁,树立读者意识。

学生选择习作内容,是从自己已有的生活经历中进行选择,然而小学生往往生活经历较少,为了丰富学生的选择内容,在习作前应有组织地、有目的地引导学生观察生活、记录生活,为学生的习作提供丰富的素材。

读中学写,《课标》中称小学阶段的作文为"习作"而非"写作",这就明确了小学生在写的过程应借鉴、学习他人的写作方法,不是凭空乱写。因此,在习作中用例文引领写作是小学阶段习作过程中的重要一步。

修改完善是表达后的"反思",好的习作是要经过多次修改完成的,所有的习作都应经历修改、反馈、再修改的多次循环，这样才能不断地完善习作。

3. 内容训练目标

习作训练的内容目标与《课标》的对应关系如表 1-4 所示：

表 1-4　第二、第三学段习作内容目标与《课标》的对应

内容训练目标	第二学段(3～4 年级)	第三学段(5～6 年级)
词句运用	尝试在习作中运用自己平时积累的语言材料，特别是有新鲜感的词句	积累习作素材
标点符号	根据表达的需要，正确使用冒号、引号等标点符号	根据表达需要，正确使用常用的标点符号
修改	学习修改习作中有明显错误的词句	修改自己的习作，并主动与他人交换修改，做到语句通顺，行款正确，书写规范、整洁
习作次数速度	课内习作每学年 16 次左右	习作要有一定速度。课内习作每学年 16 次左右

四、促进学生语文及习作素养的有效提升

过程性小学语文习作课程有利于提升学生的语文素养，尤其是能够提高习作水平。研究这一课题的最初和最终目的都是切实有效地提高学生在习作过程中的实际水平，让学生真正感受到习作过程的魅力和乐趣，教师在过程当中指导学生进行具体的习作，培养学生学习习作的浓厚兴趣。

过程性小学语文习作课程发挥了阅读、实践和习作的三重效能，以阅读促进习作，以实践丰富积累。在教学中，学生在教师引导下阅读大量文学作品，增加自己知识储备，逐步提高学生语文素养；在观察中积累习作素材，开阔自己的眼界，养成有意识积累的习惯。那么学生在课堂上善于表现、勤于思考的想法会增强，这是阅读与实践的促进作用，不仅表现在口语交际、课堂表现，更作用在习作中。有生活体验，习作就有了内容可写；有阅读与思考，习作就有了章法可依。文思泉涌，诉诸笔端，学生习作水平也会得到大幅度提高。增强了习作的兴趣，学生不仅不再把习作当成苦恼，而把它当作愉悦的审美体验，学习的信心

大增。

学生的习作也在不断地修改与完善中得到伙伴和教师的称赞与表扬，这样就走上了一条良性循环的道路。在小组交流对话中学生明确自己的优点，在对比中找到自己的不足，这样小范围内的修改甚至是个人私下的发现问题更容易被学生接受。当教师在教室中范读学生作文时，学生内心的喜悦就更强烈地表现出来，同时也引起学生对阅读更强烈的兴趣。

在阅读与实践中促进习作，在习作中促进阅读与感悟，能够提高学生的自我效能，提高学生的语文素养。

总之，我们基于学生习作困难、教师传统习作教学方法和教材内容编排存在之不足等，开始致力探索一种新的习作教学方式，在长期理论研究与实践探索的基础上，我们提出了过程性小学语文习作课程，明确了相关概念内涵、理论基础以及价值意义，在实践中不断反思、改进、总结与提炼，使之逐渐系统化、课程化。

第二章　过程性习作课程的内容建构

课程内容是课程的基础。本章我们主要探讨过程性小学语文习作课程的内容构建，首先提出过程性小学语文习作课程的总体目标，明确课程内容开发的基本方向；其次分析过程性小学语文习作课程的基本特点，明确课程内容开发需要遵循的基本要点；再次探讨过程性小学语文习作课程的整体思路，论证阅读、经验与习作三者联结的课程内容基本框架模式，以及学习过程中学生认知与思维的变化；最后具体呈现过程性小学语文习作课程的教学计划，提供了可操作性的课程内容整体设计与教学实施安排。

第一节　总体目标

目标为课程开发提供方向与思路。本节我们将分析过程性小学语文习作课程目标的基本取向，对课程目标进行理性思考，进而提出过程性小学语文习作课程的总体目标，为过程性小学语文习作课程具体目标的确定和课程内容的开发与实施提供基础与依据。

一、基本取向

课程目标是教育目的、培养目标的进一步具体化。课程目标的制定要考虑到学生的特点、学科的发展、社会的需要等多个因素。课程专家施良方认为，"这里所讲的'取向'，主要是指课程目标所采用的形式，而不是指目标的实质内容"[①]。课程目标采用的形式不同，即实现目标的方式也不同，因此教学过程也各异。而关于课程与教学目标的取向问

---

① 施良方：《课程理论：课程的基础、原理与问题》，83 页，北京，教育科学出版社，1996。

题，目前为大家所认可的有三种：行为取向性目标、生成性目标、表现性目标。

过程性小学语文习作课程兼有行为取向性目标、生成性目标与表现性目标。

行为取向性目标是多年来在课程领域较流行的陈述目标的方式。它经过课程论专家博比特（J. F. Bobbitt）、查特斯（W. W. Chaters）、泰勒（R. W. Tyler）等人的发展，逐渐完善，并在教学中应用。它的基本特征是目标的精确性、具体性和可操作性。行为取向性目标是以儿童具体的、外显的、可以被观察的行为表述为课程目标，指向实施课程以后在儿童身上发生的某领域行为的变化。例如，将习作活动的目标表述为学会按照游览顺序写一处风景。

以上是典型的行为取向性目标的表述，它具体明确地指明了活动后儿童的行为在习作领域和语言领域的变化。这种目标表述操作性强，教师容易把握并能有计划、有方向地引导学生发展。随着教学的发展，行为取向性目标理论的缺陷开始被人们所认识，即它把课程开发以及人的学习过程变为一个可预先决定和操纵的过程，使教师将目标绝对化和权威化，从而将教学的目的与手段、结果与过程间的有机联系割裂开来，忽略活动过程中学生个体表现的多样性和差异性价值。

为了减少行为取向性目标的弊端，过程性小学语文习作课程在表述行为取向目标时不过于追求外显的知识、技能与行为的变化。例如，"知道柳树在春天的变化，并用多种写作方式表达出来"，我们把它改成"通过观察柳树的变化，抓住柳树的特点，体现春天的美好"。

因为行为取向性目标存在以上弊端，人们开始寻求其他的目标取向。20 世纪 70 年代课程领域开始流行生成性目标，其最初源于杜威的民主主义教育理念。他认为教育的目的就是儿童的生活和成长，是儿童经验的不断改造，只有把目的融入教育过程中，才能真正促进儿童的成长。此后英国课程论专家斯滕豪斯（L. Stenhouse）对其赋予了新的意义，他认为学校教育主要包括三个过程"训练"（学生获得技能）、"教学"（使学生获得知识）、"引导"（使学生获得批判性、创造性的思维能力），真正的教育就要使人类更加自由，更富于创造性，所以教育的本质是"引导"，即引导学生深入发展。生成性目标指随着教育过程的展开而自然生成的课程目标，它关注的不是由外部事先规定的目标，而是强调教师根据活动的实际进展提出相应的目标，强调儿童、教师与教育情境的交互作用。① 生成性目标使人们认识到课程目标不只是教师教学设计中的内容，开始关注活动过程中那些未曾预期到的重要发现，具有动态的、开放的意义。

在过程性小学语文习作课程中，我们关注行为取向性目标以外的目标，关注过程。在表述课程目标时给生成性目标留下空间，少用规定性的字眼，如"学会""掌握""记住""说出"等，而多用"愿意""乐意""了解""尝试"等过程取向的字眼。因为在课程中可以规定教师能做什么，但不能规定学生一定能按教师预先设想的去做，而后一类字眼可以让教师在实施课程的过程中始终处于一种观察、审视、反思和调整的状态，时刻关注学生在与教育情境的相互作用中生成的目标，而不是检验目标与结果的一致性。

"表现性目标"流行于 20 世纪 80 年代的课程领域，是美国的课程学者艾斯纳（E. W. Eisner）提出的一种目标取向："是指每一个学生在与具体教育情境的种种'际遇'中所产生的个性化表现。当学生的主体性充分发挥、个性充分发展的时候，他在具体教育情境中的具体行为表现及所学到的东西是无法准确预知的。"②因此，"表现性目标"重视学生的个性差异以及个体的创造性表现。

学生的发展并非都能通过行为来测量，当他们充分发挥主体性、充分表现个性化自我时，他们在具体教育情境中的行为表现及所学到的东西是教师无法预知和"大一统"的。也就是说，学生对课程反应的多样化体现在哪些方面，他们分别感受到什么、学习到什么，他们会有哪些创造性反应……这些完全是每个学生在具体教育情境中的特定体验和表现。由此可见，表现性目标所注重的是课程实施的过程而非结果，是一种关注过程的非预期性目标。为了在预设活动时就能关注活动过程的多样化表现，教师在表述课程目标时应表达出对多种教育结果、对学生多元反应的期待，而不是只期待预设的课程目标和教育结果的一致性。例如，"成长之路"活动的表现性目标可以表述为：讨论参观成长过程中的感受和乐趣；"春天"活动的表现性目标可以表述为：用自己喜欢的方式表现春天的明显特征。

"生成性目标"对学习者、教育者在课程与教学中的主动性表现出应有的尊重；而"表现性目标"比"生成性目标"更超前，它追求"解放理

---

① 张华：《课程与教学论》，上海，上海教育出版社，2000。
② 张华：《课程与教学论》，178 页，上海，上海教育出版社，2000。

性"，以人的个性解放为根本鹄的。①

总之，在注重过程的课程价值取向的背景下，过程性小学语文习作课程既重视生成性目标和表现性目标，也有行为取向性目标。在课程中我们追求实践，强调学习者与具体情境的交互作用，主张目标与手段的连续，过程与结果的连续，强调学习者和教育者在教育、教学中的主体精神和创造性表现。同时我们并不否定行为取向性目标的合理性，而是基于更高的价值追求，即在注重课程实施过程的前提下，承认且超越行为取向性目标。我们将过程性小学语文习作课程目标体现为综合的性质，为提高学生的语文核心素养努力。

二、具体表述

《课标》在前言中这样定位课程的性质和内容："语言是人类最重要的交际工具和信息载体，是人类文化的重要组成部分。语言文字的运用包括生活、工作和学习中的听说读写活动……语文课程致力于培养学生的语言文字运用能力，提升学生的综合素养，为学好其他课程打下基础；为学生形成正确的世界观、人生观、价值观、形成良好个性和健全人格打下基础……"

王宁对于语文核心素养有着这样的表述："语文核心素养是学生在积极主动的语言实践活动中构建起来，并在真实的语言运用情境中表现出来的个体言语经验和言语品质；是学生在语文学习中获得的语言知识与语言能力、思维方法和思维品质，是基于正确的情感、态度和价值观的审美情趣和文化感受能力的综合体现。"②

由此，我们可以有以下结论：其一，作为语文课程中的重要组成部分，习作课程责无旁贷地承载着培养学生思维品质、文化传承、审美情趣、美好情感和正确价值取向的目标；其二，习作课程是语文学科素养的综合体现，语文素养的养成与提升过程是把听、说、读、写、思看成一个完整的过程。习作亦是如此，脱离生活与阅读的习作课程，只能是闭门造车，不可能真正提升学生语文学科素养。把学生的习作能力的提升当成技巧训练显然是舍本求末。是否可以说，习作课程是学生在真实的生活情境中自主地运用语言的实践活动，在整个习作实践活动中学生要在阅读中获得习作的间接经验，同时，使他们得到思维方法和培养思

---

① 张华：《课程与教学论》，181～182 页，上海，上海教育出版社，2000。

② 王宁：《语文核心素养与语文课程的特质》，载《中学语文教学》，2016(11)。

维品质，养成基于正确价值观的审美情趣和文化感受能力；并在生活中获取直接经验，用眼睛去看，用耳朵去听，用心去感受；最终在与同伴的交流与互动中完成个性化的表达，所以习作课程一定是综合性、实践性课程。

基于以上的思考，结合学校的办学理念"为了人的终生发展和一生幸福"，培养"全面发展的人"是我们习作课程的育人追求。过程性小学语文习作课程的育人目标是：引导学生热爱生活，观察生活，并获得丰富情感体验，在阅读、生活实践和自由表达的过程中促进学生和谐发展，在过程性习作中提高学生的道德修养、审美情趣，逐步完善个性化的表达(见图 2-1)。

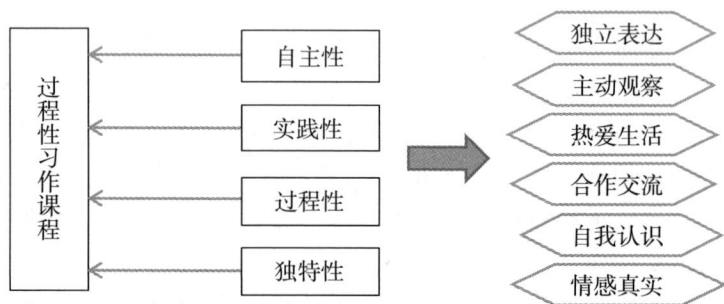

图 2-1　过程性习作课程具体表述图示

总之，在过程性小学语文习作课程实施中既具有明确行为操作与结果的目标要求，又关注过程中学生的生成以及个性化、创造性的表现。过程性小学语文习作课程的总体目标关注学生学习与经验的过程，同时分析与考查学生学习的结果，其指导教师在每一个具体主题课程中对目标的设定以及实施中的方向把握，内在地影响着教师习作课程的开发、实施与评价。

第二节　基本特点

过程性小学语文习作课程具有一些区别于传统习作课程的特点，其更强调学生在教师引导下的自主观察、阅读、思考与表达，尤其注重学生生活经验的获得、发掘与显性化，以及学生阅读、习作经验的积累与重构，关注学生习作的整个过程，在一系列逻辑安排的阅读、经验与习作过程中促进学生习作经验的获得和习作能力结构的构建。过程性小学语文习作课程的具体特点包括四个方面：自主性、实践性、过程性和独特性。

一、自主性

认知建构主义学派告诉我们，自主性学习就是学习者对自己的学习能力的正确认识，是按照一定的学习目标、学习任务等，积极主动地对自己原有的学习策略和努力程度进行调整和改善的学习。在整个过程中，学生是围绕着一定的任务和学习目标开展学习的，是学生在学习中发现问题、定位学习目标后，再积极主动地去发现问题、提出问题、分析问题、思考问题后解决问题，而在这一学习过程中，学生积极思考、联系比较，联系已有知识和体验，倾注情感，取得收获，感受到快乐。

古语云，"授人以鱼，不如授人以渔"。过程性习作课程就是要让学生在阅读活动、实践活动、习作过程中自主学习习作知识、技能，并独立思考确定主题，习作后积极尝试修改，在此过程中逐步提高语文的综合素养。

例如，在人教版六年级上册第七单元"动物物语"的过程性习作课程中，学生要完成"讲述动物的故事"这一习作，带着这一学习任务，学生回顾《老人与海鸥》《跑进家来的松鼠》《最后一头战象》《金色的脚印》四篇文章的结构，通过对比阅读，自主发现四篇文章都运用了典型事例描写动物的方法，并且通过研读重点段落发现作者通过动物的动作、神态的描写表现动物内心和情感的方法。学到了写作方法，学生要在习作中尝试运用，在观察积累的基础上学生初次运用学到的写作方法进行习作，完成习作后重点不是教师去评判习作的好坏，而是引导学生通过小组合作，根据评价表自主发现习作问题，并通过教师给出的下水文或名家名篇，自主发现改进习作的方法。这样带着习作任务进行自主阅读学习写法，实践活动积累素材，尝试运用完成习作，发现问题自主修改，在这一系列的学习过程中，学生的自主学习能力得到了提高，习作能力也得到了提高。

二、实践性

《课标》指出："语文课程是一门学习语言文字运用的综合性、实践性课程。""写作教学应抓住取材、立意、构思、起草、加工等环节，指导学生在写作实践中学会写作。"

习作能力是学生语文综合素养的集中反映。习作是学生进行言语沟通的主要方式之一。要想不断提高学生习作水平，我们就要对文章的基本写作方法进行回顾、总结、提炼，把相关阅读拓展开来，并针对性地展开知识迁移运用，有目的地开展习作实践活动，激发学生写作兴趣。

我们开展的习作实践活动不是让学生机械地模仿训练，而是要组织学生进行过程性习作实践活动，有针对性地开展习作与评析，即在习作实践过程中运用师生总结的习作方法，来评价、反思、指导学生习作的实践性活动。这样学生学到的习作方法才能真正得到运用与内化，学生的习作能力才能得到切实的提高。

例如，部编版三年级上册第六单元，学生从《富饶的西沙群岛》《美丽的小兴安岭》两篇写景文章中学习按时间顺序、从不同方面介绍景物的写作顺序，了解抓住景物特点从不同角度把景物特点写具体的方法，然后在过程性习作手册的引导下，走进生活实地观察景物，完成观察记录单，正是因为有了丰富的实践活动，学生们的记录单上呈现了丰富的内容，有的学生按游览顺序记录了自己放学回家路上的景物；有的学生回忆加实地观察，记录了小区花园的四季变化；也有的学生从不同方面记录了自己去游玩看到的景物。学生的目光从课堂转向校外，有了亲身实践，才能真实捕捉到观察景物的特点，才有了丰富细致的观察记录，在课上与小组同学进行交流时，才会滔滔不绝、兴趣盎然。学生通过在课文中学习写法，更丰富了自己的表达形式；又通过实践活动，亲自去观察、去感受，增强了学生习作的表现力，激发了学生的学习兴趣，提高了习作能力。

三、过程性

《课标》中指出："写作教学应抓住取材、立意、构思、起草、加工等环节，指导学生在写作实践中学会写作。重视引导学生在自我修改和相互修改的过程中提高写作能力。"可见习作课程不能只重结果，而是要从取材、立意、构思、起草、加工等环节实施过程中提高学生各方面能力，习作课程是一门重视过程性的课程。只有关注学生在整个习作过程中，写作内容、思考活动和各种能力的实际获得，才能真正使学生语言的建构、思维的发展、文化的理解、审美的鉴赏能力等核心素养得到提升。

比如，人教版六年级上册第七单元的习作课"动物物语"，我们在实施习作教学活动时，共分为了四课时，第一课时群文阅读，读中学写；第二课时观察体验，读写关联；第三课时和第四课时讨论交流，反复修改。四个课时的设计关注了学生习作过程中的实际需求。第一课时学生通过群文对比阅读习得写作方法，让学生写而得法。第二课时引导学生通过观察体验积累写作素材，让学生言之有物，因为观察活动贴近学生生活，同时也激发了学生的习作兴趣，让学生的习作内容更真实、更丰富。第三、第四课时，引导师生共同商定习作评价标准，学生按照标准小组评价作文，并通过走进名家名篇或教师下水文，更有针对性地习得文章的修改方法，进一步修改习作，然后再次根据习作评价表进行整体评价。整个习作教学过程学生的实际获得不仅仅是一篇习作，学生的自主阅读、自主评改、语言表达、合作交流等能力都得到了提高。

四、独特性

《课标》指出，要"关注学生的个体差异"，"珍视个人的独特感受"。"学会多角度地观察生活，发现生活的丰富多彩"，"力求有创意地表达自己对自然、社会、人生的独特感受和真切体验"。因此，写作是个体内心的感悟，具有很强的独特性。

随着教育改革的深入，人们越来越重视学生的个性化，目前学生的作文缺乏创意且相似度很高，千篇一律的问题十分突出，为了让学生真正写其所见、所闻、所感，彰显作文的独特性和真实性，教师应当全面深入地分析学生在写作过程中遇到的问题，引导学生系统地掌握写作技巧。

即使对于高年级的小学生来讲，他们已经能够写出一篇完整的作文，有中心思想且具备一定的条理性。但教师发现学生无论是从题材的选择，还是语言的运用等方面，仍旧体现不出个人特点，无法让人眼前一亮，更不要说用细腻的情感感染教师。因此，教师要在提升学生写作基本水平的前提下培养学生的个性化习作能力，指导学生发掘新颖的素材，细心观察和思考生活，表达自己的真情实感，运用多种策略科学有效地进行教学。

教材重点习作要求指向和习作要求的提示，对于刚刚学写作的小学生来说，因为生活经验有限，在课上完成习作时间也有限，一旦出示习作例文，他们往往是纷纷模仿，导致作文千篇一律。因此过程性习作课程就是从教材出发，以学生的视角理解教材，以儿童的生活丰盈教材，重构以习作教材为支撑点的习作课程，教师通过创设丰富多彩的实践活动，学生亲自操作，亲自体验。个体内心的体验不同，写出来的感悟也不同；经验不一样，感受也不一样。

比如，人教版六年级上册第七单元的习作体验课"动物物语"中，教师利用过程性习作手册引导学生开展习作：①观察记录小动物的生活画面；②寻找印象深刻的瞬间；③透过动物的行为猜测其内心的情感变化；④小组交流观察记录单。

再如，统编教材三年级下册第六单元的"身边那些有特点的人"，教师引导学生开展习作：①猜一猜：根据特点猜人物；②说一说：聚焦某个人物的某个特点，并说明该人物具有该特点的依据；③学一学：从学过的课文中学习写人物特点的方法；④想一想：思考能突出人物特点的具体事件；⑤写一写：动笔写下自己身边的某个人的某个特点。

依据习作主题，开展不同情境的贴近学生生活的习作实践活动，让不同的学生根据自己的生活、自己的喜好选择不同的写作角度和表达方式，给他们提供更大的写作空间。学生的个体感受得到充分发展，其习作的独特性也就更为突出。

同时习作的评价也更有利于鼓励学生写出创意，表达真情实感。比如，在"动物物语"的习作评价表中就有"有自己的观察感受"这样一条评价，分为"感受突出，真情实感"；"能够表达自己的感受"；"无感受"三个层次的评价，引导学生习作要表达自己独特而真实的感受。这样的习作评价在每个过程性习作手册的评价表中都有所体现，力求鼓励引导学生表达自己，写出富有感染力的表现个人特点的习作。

总之，过程性小学语文习作课程注重学生的自主性，促使学生在任务驱动下自主阅读、体验与思考，注重生活实践经验的创造与发掘，注重学生习作过程的真实化、丰富化与规律化，注重学生独特的经历、经验与情感表达。

第三节　整体思路

过程性小学语文习作课程具有整体的构建思路，即改变原来实践、阅读与习作相互分离的状态，以主题为线索实现三者之间的联结，促使三者在习作学习过程中互相贯通、彼此联结，并促使学生在三者的贯通联结之中提升认知与思维。

一、实践、阅读与习作的联结

(一)联结阅读活动

习作不是一件事，理想的习作课程是把阅读活动与习作有机结合。阅读为学生的习作提供方法。孔子的"不学诗，无以言"；扬雄的"能读千赋则善赋"，杜甫的"读书破万卷，下笔如有神"，韩愈的"口绝不吟于六艺之文，手不停披于百家之编"等，都在阐述阅读对于写作产生的积极影响。近现代学者的论述相对于古人的经验总结，更加具体明晰。例如，叶圣陶指出："阅读是'吸收'的过程，通过阅读我们可以获得间接经验，分享他人的感悟和心情；写作是'表达'的过程，我们可以表达自己的观点、分享自己的体验。"

学生通过阅读学习名家名篇的写作方法、结构样式，积累好词佳句，提升自己的习作水平。

(二)联结生活实践

生活是习作的源泉。没有生活，习作就如同无源之水、无本之木。习作教学必然是要把习作和生活联系起来的。培养学生创新思维，提高习作能力，必须打通习作与学生生活的通道，把习作的触角伸向现实生活，让学生贴近生活、观察生活、思考生活、再现生活。

在习作课堂上教师的主体地位主要体现在启发学生写自己想要表达的内容，还要给他们提供各种各样的启示和灵感素材，也就是说帮助学生积累生活素材，通过实际体验，引发他们自然而然地想说想写，而不是闭门造车。正如张孝纯先生所说"应该将生活作为学生课堂的一部分"，他主张把语文学习同学生的学校生活、家庭生活和社会生活有机整合在一起。李白坚教授也在"活动作文"教学模式中提出，"在作文课上设计可记叙的生动、活泼、有趣的游戏演示活动为作文内容，通过游戏演示活动，激发学生情绪，诱导学生在轻松愉快的氛围中完成从思维到文字的转化"。由此可见，学生的生活实践在习作过程中是不可缺少的环节之一。

利用"生活实践"丰富学生的习作资源，构建起课内外联系，校内外沟通、学科间融合的习作教学体系。引导学生开展丰富多彩的实践学习活动，拓宽习作学习的内容、形式和渠道，使学生在广阔的空间里学作文、用作文，拓宽视野，丰富知识。

(三)联结自主与合作

"标准"倡导自主、合作、探究的学习方式，语文课程必须根据学生身心发展和语文学习的特点，鼓励学生自主阅读、自由表达，充分激发学生的问题意识和进取精神，关注个体差异和不同的学习需求。此外，语文应注重听说读写的相互联系，注重语文与生活的联系，注重知识与能力、过程与方法、情感态度与价值观的整体发展。其中特别强调：习作是运用语言文字进行表达和交流的重要方式，是认识世界、认识自我、进行创造性表述的过程。小学语文习作能力是语文素养的综合体现。语文习作教学应贴近学生实际，让学生易于动笔、乐于表达，应引导学生关注现实，热爱生活，表达真情实感。

所以作文是一门课程。理想的习作课程可以在课堂之内，而多半应该在课堂之外，是学生把自己经历过的生活，自己构思、自己组织的语言写为书面形式的活动。显然，这种活动无时不在发生，远远超过课堂之内，是随时随地学习的融阅读、实践与表达为一体的语文综合实践课程，是可以在交流、讨论中不断地形成自我观点、提升认识的过程。

二、学生认知、思维的变化

在整个习作过程中，学生在"主题化的实践活动"中，通过观察获取自己对生活的认识，丰富情感和体验并记录下来；在"功能化的阅读活动"中，学习他人的表达方式，获得间接的情感体验，内化成个体的习作资源，为后续的自由表达打下基础。最终，在讨论与交流中能够言之有序、言之有物、言之有情(见表 2-1)。

表 2-1　过程性小学语文习作课程的目的和实施策略

过程性小学语文习作课程		主题化的实践活动	功能性的阅读活动	个性化的习作活动
目的		通过观察认识生活，丰富情感和体验	通过阅读学习语言逻辑模型、文章结构样式，丰富语言积累	表达自己的观察生活的情感体验
实施	教师层面	依据年段特点设计序列化的主题实践活动	提供丰富的阅读材料	指导、评价
	学生层面	观察、记录、思考	学习、总结、积累	讨论、交流、分享

本研究将小学语文习作实践活动主要分为以下三个部分：主题化的实践活动，也称为"行"；功能化的阅读活动，也称为"读"；个性化的习作活动，也称为"写"。这三个部分是交互式的。所谓交互式是指在主题性实践活动与功能性阅读活动的共同作用下完成个性化习作活动。主题性实践活动丰富学生的情感体验；功能性阅读活动使学生获得语言表达的规律，建构言语模型，给后续的习作提供可行的方法；之后学生进行个性化的创作活动。而功能性阅读活动为主题性实践活动的指导，而主题性实践活动印证功能性阅读中的感受。

功能性阅读伴随着整个习作的过程。首次阅读：学生对教材中具有相同主题的课文进行对照阅读，通过对比发现其中的习作规律。之后学生在主题化实践活动中观察、记录、感知、体验，然后将自己的所想、所悟和所得进行预写，实现逻辑表达。二次阅读：学生将习作与相关课文、教师下水文、名家名篇进行对比，对比中品味文字，认识到自己习作的不足，完善文章结构样式，丰富自己的习作表达。最后再进行作文的誊抄与分享。

在整个习作中，学生的认知水平呈阶梯式上升。学生在课内对照阅读中发现同一主题的几篇文章在习作方法上的相同，获取作者的情感，丰富言语表达与言语样式，同时认识生活。通过实践学生有了自己的切身体会，并将实践的过程记录下来。此后的预写就是学生将自己前两个过程的所得用文字的形式表现出来的结果，此时，学生对习作的主题不是简单的知晓，而是在方法的指导、切身的感受双重作用下的真实表达与抒发。当然，此时的预写仍然存在种种不足，接下来在讨论与交流中发现不足，建立语言的模型，进行习作的评价与修改完善。总之，整个习作的过程中学生从阅读发现到实践体味再到表达抒发，认知水平呈现"发现—内化—外显"的上升趋势。

为了达成上述目标，我校语文教师依据年级阶段特点构建序列化的主题实践活动。为了实现功能化阅读的"例文"与"用件"作用，教师们梳理课内外的主题化群文阅读篇目和知识点，研究读行写结合的教学模式。最后在学生整个习作的过程中开展文学性、应用性、研究性、思辨性习作指导，构建习作评价体系。

近两年的研究，我们将"过程性写作"的理念引入小学语文习作课程之中，在习作教学中使用了系统的方法。通过观察每次的习作活动，我们发现大多数的学生的习作是可以在他人的经验和自己的生活实践体验的基础上展开的。学生的习作能力在集中的同一主题实践和相同的习作方法的运用中得到了相应的提高，每一次习作都在经历：阅读、实践、习作、修改、讨论和分享（见图 2-2）。

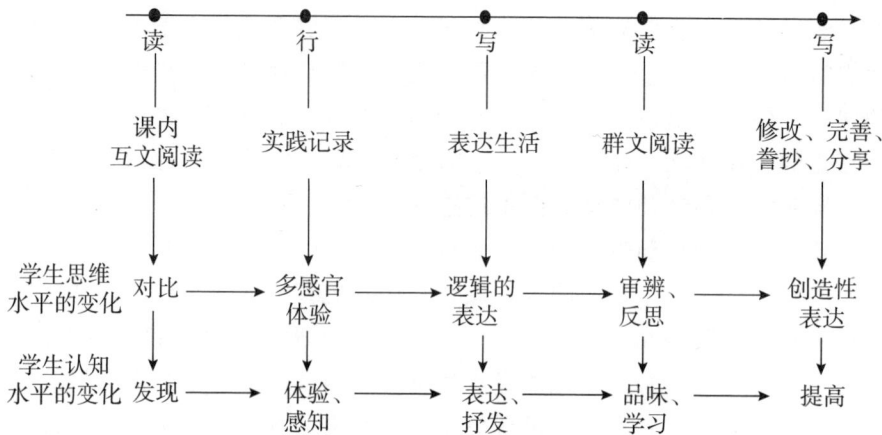

图 2-2　课程的操作流程与学生思维、认知变化图

总之，过程性小学语文习作课程的主要思路是打通实践、阅读与习作，实践是习作的源泉，习作是对实践的回顾、反思与表达，阅读为习作表达提供范例、语言积累，习作促进阅读文本的理解与分析。实践、阅读与习作三者之间反复联结，各得其所，相得益彰，共同促进学生综合素养提升以及学生认知、思维的发展。

第四节　教学计划

在本节中，我们对三至六年级过程性小学语文习作课程内容进行了整体的设计与规划，以主题为线索展开，主题的选择兼顾教材内容、文体特征、学生认知特点、生活经验等，基于主题设计学生的阅读、实践与习作内容。同时，我们对三至六年级过程性小学语文习作课程内容实施进行了介绍，详细阐述了关于课时安排、重点内容等的情况。

一、内容的整体设计

过程性小学语文习作课程的内容设置是以教材为依托，把国家课程进行校本化，借助课程的单元实践主题，把阅读活动、实践活动和习作活动整合在一起，构建小学中高年级过程性习作的整体内容。具体内容见表 2-2。①

表 2-2 小学中高年级过程性习作的整体内容

年级	主题	阅读活动		实践活动	习作活动	
		阅读要求	阅读篇目		习作要求	习作内容
三年级上	我眼中的他	关注能够凸显人物形象的句子	《不懂就要问》《尊严》《黄香诚心敬父母》	画脸谱	尝试从不同方面介绍人物	猜猜他是谁
	秋日校园	能通过多种方法理解难懂词句的意思，并尝试运用	《铺满金色巴掌的水泥道》《秋天的雨》《听听，秋的声音》《秋姑姑》《秋天，观察的好季节》	寻找秋天的踪迹	把自己在校园的日常观察记录下来	校园采风（写日记）
	一棵树的梦	感受故事情节中丰富的想象	《去年的树》《那一定会很好》《在牛肚子里旅行》《一块奶酪》《小巴掌童话》	故事大王	能试着编写童话故事	我来编童话
	我喜欢的结局	能边读边预测，顺着故事情节进行合理猜想	《总也倒不了的老屋》《胡萝卜先生的长胡子》《不会叫的狗》《遗嘱与狗》《老鼠夹》《不留余地的狼》	情节大猜想	能根据原有故事的部分情节进行合理猜想，续写故事	续写故事
	我眼中的世界如此美丽	体会作者是怎样留心观察事物的	《搭船的鸟》《金色的草地》《我家的小狗》《我爱故乡的杨梅》	大眼睛看世界	能仔细观察，把观察所得写下来	我们眼中的缤纷世界
	祖国山河美	体会作者是如何围绕一个意思写一段话的	《富饶的西沙群岛》《海滨小城》《美丽的小兴安岭》《荷塘月色》《海燕》	我是小导游	试着围绕一个意思具体描写景物	这儿真美

① 过程性小学语文习作课程的内容是长期研究探索的成果，故表 2-2 中三年级的课程内容以统编版教材为依托，四年级至六年级是基于原人教版教材的研究。

续表

年级	主题	阅读活动		实践活动	习作活动	
		阅读要求	阅读篇目		习作要求	习作内容
三年级下册	多思多想	留心生活，知道作者是如何产生想法的	《大自然的声音》《父亲、树林和鸟》《带刺的朋友》《被困的鸟儿》《一件小事的震动》	参观博物馆	留心生活，把自己的想法记录下来	我有一个想法
	美好品质	了解作者是如何把一件事写清楚的	《司马光》《掌声》《灰雀》《手术台就是阵地》《斗牛儿》	我们可以这样玩儿	学习把一件简单的事写清楚	那次玩得真高兴
	可爱的生灵	边读边想象画面，体会优美生动语句的描写方法	《燕子》《荷花》《昆虫备忘录》《我爱故乡的杨梅》《我爱家乡的柿子》《爬山虎的脚》	探秘校园植物	试着把观察到的事物写清楚	校园里的植物角（我的植物朋友）
	小故事大道理	读寓言故事，明白其中的道理，并了解作者是如何把故事写清楚的	《守株待兔》《陶罐和铁罐》《美丽的鹿角》《池子与河流》《放风筝》	头脑风暴	把图画里的内容写清楚	看图画，写作文
	端午寄情思	了解课文是怎样围绕一个意思把一段话写清楚的	《纸的发明》《赵州桥》《一幅名扬中外的画》《端午日》	端午节这样过	收集端午节的资料，交流端午节的风俗习惯，写一写过节的过程	我家的端午节
	科学小达人	了解借助关键语句概括一段话的大意的方法	《花钟》《蜜蜂》《小虾》《摩擦起电》《科学无处不在》	发现生活中的科学知识	观察事物的变化，把实验过程写清楚	我做了一项小实验
	奇妙的世界	走进想象的世界，感受想象的神奇	《宇宙的另一边》《我变成了一棵树》《一支铅笔的梦想》《尾巴它有一只猫》《爱丽丝漫游奇境记》《落在草丛里的星星》	奇思妙想大PK	发挥想象写故事，创造自己的想象世界	奇妙的想象

续表

年级	主题	阅读活动		实践活动	习作活动	
		阅读要求	阅读篇目		习作要求	习作内容
三年级下册（接上）	童年趣事多	学习作者突出人物特点的多种方法	《剃头大师》《肥皂泡》《我不能失信》《背影》《父亲的腌笃鲜》《刷子李》《小嘎子和胖墩儿比赛摔跤》	猜猜他是谁	写一个身边的人尝试写出他的特点	身边那些有特点的人
	校园动物园	了解课文是从哪几个方面把事物写清楚的	《我们奇妙的世界》《海底世界》《火烧云》《螃蟹足的功能》《象》《建筑师田鼠》	小小解说员	初步学习整合信息，介绍一种事物	国宝大熊猫
	奇思妙想	了解故事结构	《慢性子裁缝和急性子顾客》《方帽子店》《漏》《枣核》《小狐狸阿权》《小兔灰灰的"大尾巴"》	看图猜情节	根据提示，展开想象，尝试编童话故事	这样想象真有趣
四年级上册	奇趣自然	边读边想象画面，体会作者写出自然之美的方法	《观潮》《雅鲁藏布大峡谷》《鸟的天堂》《火烧云》《听潮》《迷人的夏季牧场》《梦幻泸沽湖》《商洛山中》	我带大家去旅游	按顺序写一处自然景观，要突出景物特点	推荐一个好地方
	自然生活放大镜	体会文章准确生动的表达，感受作者连续细致的观察	《爬山虎的脚》《蟋蟀的住宅》《世界地图引出的发现》《昆虫记》	我是种植小能手	进行连续观察，学写观察日记	观察日记
	跨越国界的童话	了解故事的起因、经过、结果，感受作者丰富的想象，学习作者突出鲜明人物形象的方法	《巨人的花园》《幸福是什么》《去年的树》《小木偶的故事》《骄傲的玫瑰花》《不安分的小鸡》《眼镜找朋友》《小刺猬整形记》	童话故事大PK	展开想象，编写一个童话故事	我是故事大王

53

续表

年级	主题	阅读活动		实践活动	习作活动	
		阅读要求	阅读篇目		习作要求	习作内容
	我的动物朋友	体会作者是如何写出动物特点，并表达对动物的喜爱之情的	《白鹅》《白公鹅》《猫》《母鸡》沈石溪动物小说	动物观察员	写自己喜欢的动物，试着写出特点	我喜爱的小动物
	宝贵的遗产	体会作者介绍景物的表达顺序并体会景物的静态美	《长城》《颐和园》《秦兵马俑》我国的世界遗产录像等	我来介绍我国的世界遗产	搜集资料，按游览顺序介绍一处地方	我是小导游
	真情在人间	体会作者在叙事过程中表达情感的方法	《搭石》《跨越海峡的生命桥》《卡罗纳》《给予是快乐的》《守卫精神家园》丛书	感动中国	能在叙事过程中融入自己的感受	胜似亲人
	成长故事	学习按一定顺序把事情过程写清楚	《为中华之崛起而读书》《那片绿绿的爬山虎》《乌塔》《尺有所短寸有所长》《我的第一支钢笔》《窃读记》《迟到》《柳叶儿》	我以前的那些事	能按一定顺序把事情的过程写清楚	童年时难忘的那件事
	科技长廊	体会作者边提问边揭秘的叙述方式	《呼风唤雨的世纪》《电脑住宅》《飞向蓝天的恐龙》《飞船上的特殊乘客》《奇异的激光》《童话般的太空》《镜子击败了战船》	我有一个想法	展开奇思妙想，写一写自己发明的东西	我的奇思妙想
四年级下册	走遍千山万水	体会作者运用关键词句表达感情的方法。体会作者的表达顺序	《桂林山水》《记金华的双龙洞》《七月的天山》《站岗的神木群》《美丽眼睛看世界》	我爱家乡石景山	能按一定顺序介绍景物并表达自己的喜爱之情	八大处游记

续表

年级	主题	阅读活动		实践活动	习作活动	
		阅读要求	阅读篇目		习作要求	习作内容
	真诚相对	体会作者表达真情实感的方法	《万年牢》《尊严》《将心比心》《沉香与木炭》《拯救善意》《诚实至上》《美丽的谎言》	我想对（ ）说	能语句通顺地表达自己心里的想法	说说心里话
	敬畏自然	了解作者记录自然现象的表达方式及表达顺序	《自然之道》《黄河是怎样变化的》《蝙蝠和雷达》《大自然的启示》《我们奇妙的世界》《蛇与庄稼》《鸟的语言》《打猎的意外收获》	记录自然现象	能把自己观察的自然现象写清楚	自然的启示
	战争与和平	体会作者选材的目的，体会文本所表达的情感道理	《夜莺的歌声》《小英雄雨来》《一个中国孩子的呼声》《和我们一样享受春天》《鸡毛信》《珍贵的教科书》《今天是儿童节》	时事新闻播报	能通过查阅网络、收听新闻，搜集自己比较关注的重点新闻事件，并能清楚地表达出来	观后感
	感受美好生命	体会文章所表达的真情实感	《触摸春天》《永生的眼睛》《生命 生命》《花的勇气》《秋日的思念》《假如给我三天光明》《家乡的柳树》《养花》	走进自然，热爱生命	能把自己的观察所得记录清楚，并表达真情实感	记一次活动
	田园生活	体会课文借助关键词句，表达情感的方法	《乡下人家》《牧场之国》《麦哨》《故乡的芦苇》《天窗》《炎夏说瓜》《高的是麦子，矮的是豆荚》	走进乡村	能把自己在乡村生活的见闻写清楚，并能表达自己的真情实感	乡村生活

年级	主题	阅读活动		实践活动	习作活动	
		阅读要求	阅读篇目		习作要求	习作内容
	执着的追求	学习作者通过语言、动作、神态等细节描写突出人物形象的方法	《两个铁球同时着地》《全神贯注》《鱼游到了纸上》《父亲的菜园》《绿手指》《有了愿望的石头能走多远》《弹琴的姑娘》	我眼中的他	能通过具体事件突出人物特点，并能表达自己的真实情感	我敬佩的一个人
	神话故事	了解故事的起因、经过、结果，学习作者把故事写具体的方法，感受神话的神奇想象和鲜明的人物形象	《寓言两则》《文成公主进藏》《普罗米修斯》《渔夫的故事》《吉尔伽美什》	我是小编剧	能按照剧本的形式来编写吉尔伽美什的故事	编写吉尔伽美什剧本
五年级上册	我的读书生活	学习根据需要分段表达突出重点的方法	《窃读记》《小苗与大树的对话》《走遍天下书为侣》《我的"长生果"》《忆读书》《离天堂最近的地方》《读书使人优美》	我的书朋友	学习列提纲，分段表述	我的读书故事
	爱国情	能借助相关资料，体会作者表达的思乡之情，并能积累相关语句	《梅花魂》《桂花雨》《小桥流水人家》《月是故乡明》《怀念》	观察生活中的风土人情	能根据需要进行分段表达，突出重点内容	二十年后回故乡
	生活中的事物	阅读简单的说明性文章，了解基本的说明方法	《鲸》《松鼠》《新型玻璃》《假如没有灰尘》《麋鹿》《火星——地球的孪生姐妹》	生活百科	搜集资料，尝试用恰当的说明方法把某一种事物介绍清楚	介绍物品

续表

年级	主题	阅读活动		实践活动	习作活动	
		阅读要求	阅读篇目		习作要求	习作内容
	明理启智	了解作者按照起因、经过、结果把事情写具体的方法	《钓鱼的启示》《通往广场的路不止一条》《落花生》《珍珠鸟》《黑木炭 白衬衫》《记得那只鸭子吗》	给我启示的那些事	能把生活中给人以启示的事件写具体	生活的启示
	综合性学习：遨游汉字王国	初步了解调查报告的基本结构	《有趣的汉字》《我爱你，汉字》《字谜七则》《有趣的谐音》《仓颉造字》《"册""典""删"的来历》《汉字的演变》《甲骨文的发现》《一点值万金》《街头错别字》《赞汉字》《书法作品赏析》《我爱你，中国的汉字》《有故事的汉字》	调查生活中的错别字	能围绕一个内容开展调查，并总结出结论，完成一份调查报告	调查报告：生活中的错别字
	父母深情	通过课文中动作、语言、神态的描写，体会人物的内心，并学习这种写法	《慈母情深》《"精彩极了"和"糟糕透了"》《学会看病》《爱的教育》《背影》	放映厅：父母爱我的那些事	能通过具体一件事尝试运用细节描写写出父母对自己的爱	父母的爱
	不忘国耻	学习文章成文结构	《圆明园的毁灭》《强盗世界》《七子之歌》	交流台	搜集资料，了解中华人民共和国成立前历史故事，表达自己的感受	观后感或读后感

续表

年级	主题	阅读活动		实践活动	习作活动	
		阅读要求	阅读篇目		习作要求	习作内容
五年级下册	走近伟人	学习场面描写中点面结合的方法	《七律·长征》《开国大典》《青山处处埋忠骨》《毛主席在花山》《十里长街送总理》《刘姥姥进大观园》	学校运动会	能按照点面结合的方法描写一个活动场面	学校运动会
	别样风光	学习文章通过人物语言、动作、神态表达人物内心的方法	《草原》《丝绸之路》《白杨》《把铁路修到拉萨去》《黄河魂》《神秘的罗布泊》《绿色宣言》《藏羚羊过马路》	西部风光展	能根据自己对西部地区的了解，给西部小朋友写一封信，表达自己的内心情感	写给西部地区小朋友的信
	难忘童年	学习文章通过人物语言、动作、神态表达人物心情的方法	《冬阳·童年·骆驼队》《祖父的园子》《童年的发现》《城南旧事》	游戏对对碰	能通过人物的细节描写表达人物心情	童年趣事
	语言的魅力	能积累文章中含义深刻的语言	《杨氏之子》《晏子使楚》《半截蜡烛》《打电话》《周恩来妙语趣答》	我的班级我做主	能根据自己的想法列一份发言提纲，并按提纲内容清楚地表达自己心里的想法	写一份发言稿
	胜似亲人	体会文中通过场景和细节描写表达人物情感的方法	《再见了，亲人》《金色的鱼钩》《桥》《梦想的力量》《哑巴渡》《最后一片藤叶》《为我唱首歌吧》	新闻调查员（了解身边那些让人感动的事）	能比较清楚的把事件叙述出来，并表达自己的感恩之情	令人感动的事

续表

年级	主题	阅读活动		实践活动	习作活动	
		阅读要求	阅读篇目		习作要求	习作内容
	名著的魅力	能了解文章的叙述结构	《将相和》《草船借箭》《景阳冈》《猴王出世》《三国演义》	三分钟讲名著	能梳理文章的提纲，并按提纲简要复述	缩写名著
	综合性学习：走进信息世界	初步学习撰写研究报告的基本方法	《信息传递改变着我们的生活》《古人传递信息的故事》《因特网将世界连成一家》《神奇的电脑魔术师》《网上呼救》《把握自己》《利用信息，写简单的研究报告》《奇怪的东南风》《关于李姓的历史和现状的研究报告》《不用文字的书和信》《皮鞋火器——信封和信箱的发明》《电子邮件的诞生》	班级近视眼小调查	能按研究报告的基本结构完成一份研究报告	研究报告
	独特的人物	学习描写人物的基本方法	《人物描写一组》《刷子李》《金钱的魔力》《俗世奇人》	观察身边的人物	初步运用描写人物的基本方法，尝试把一个人的特点写具体	把一个人物特点写具体
	大千世界	了解文章结构及表达顺序	《自己的花是让别人看的》《威尼斯的小艇》《与象共舞》《彩色的非洲》《威尼斯之夜》《维也纳生活圆舞曲》	旅游见闻分享会	能合理安排文章内容，分段进行描写，把自己旅游见闻表达清楚	一次（ ）的旅行

年级	主题	阅读活动		实践活动	习作活动	
		阅读要求	阅读篇目		习作要求	习作内容
六年级上册	感受自然	学习作者虚实结合的写作方法	《山中访友》《山雨》《草虫的村落》《索溪峪的"野"》《绿天》《呼吸》《趵突泉》《梅雨潭的绿》	小小观察员	能运用虚实结合的方法，把自己观察到的景物及想象写清楚	变形记
	祖国母亲	体会作者表达爱国之情的方法	《詹天佑》《怀念母亲》《彩色的翅膀》《中华少年》《要比洋人强》《乡音》《哨卡》	演讲台	能根据自己列的提纲，完成演讲稿，表达自己的爱国之情	祖国在我心中演讲稿
	真诚的心	学习作者选择合适内容写出真情实感的方法	《穷人》《别饿坏那匹马》《唯一的听众》《用心灵去倾听》《伟大的谎言》《大冒险》《教师节的康乃馨》《妈妈哭泣的那一天》《爸爸的新鞋》	一次感恩活动	能清楚有条理地把自己与别人发生的有关真诚的事情写清楚	关爱故事
	保护环境	体会作者表达自己观点的方法	《只有一个地球》《鹿和狼的故事》《这片土地是神圣的》《青山不老》《不幸的地球》《田野中的哭声》《种树老人》	爱我校园活动	能按照倡议书的基本格式完成一份倡议书	保护环境倡议书
	初识鲁迅	借助相关资料了解课文内容，学习作者通过事件写人并表达自己感情的方法	《少年闰土》《我的伯父鲁迅先生》《有的人》作家笔下的、与鲁迅的相关作品	多个角度看名人	能通过事情写一个人，并表达自己的情感	有你，真好

续表

年级	主题	阅读活动		实践活动	习作活动	
		阅读要求	阅读篇目		习作要求	习作内容
	综合性学习：轻叩诗歌的大门	初步了解现代诗的特点，体会诗歌情感	《我们去看海》《致老鼠》《爸爸的鼾声》《给诗加"腰"》《诗中的"秋"》金本的诗	赛诗会	能掌握一定的诗歌格式，通过诗歌表达情感	童年的诗
	动物也有情	学习作者通过动物的动作、神态表达动物情感的方法	《老人与海鸥》《跑进家来的松鼠》《最后一头战象》《金色的脚印》《大地上的事情》《猎狐》《第七条猎狗》《珍珠鸟》《我的野生动物朋友》《大造爷爷和雁》	我会读心术	观察小动物，根据动物行为推测其表现出的内心情感	我与小动物
	艺术之美	学习文章边叙述边想象的方法	《伯牙绝弦》《月光曲》《蒙娜丽莎之约》《我的舞台》《看戏》	我喜欢的艺术品	写自己的拿手好戏，把自己的感受看法写出来	我的拿手好戏
六年级下册	生活哲理	学习作者借物喻人的写法	《文言文两则》《匆匆》《桃花心木》《顶碗少年》《手指》《白杨礼赞》《山中的老杏树》《松树的品格》	调查不同事物的不同寓意	学习借物喻人的方法	生活中的哲理
	传统风俗	阅读时，分清内容的主次，体会作者是如何详写主要部分的	《北京的春节》《藏戏》《各具特色的民居》《北京老规矩》	我知道的传统风俗	能根据需要取舍资料，介绍我国的传统风俗	家乡的风俗
	多年前的回忆	学习作者选择合适内容表达真情实感	《十六年前的回忆》《灯光》《为人民服务》《一夜的工作》《宋庆龄和她的保姆》	"我的理想"班会	习作时选择合适内容，表达真情实感	我的理想

续表

年级	主题	阅读活动		实践活动	习作活动	
		阅读要求	阅读篇目		习作要求	习作内容
	外国名著的魅力	能把握名著的主要内容,就重点情节表达自己的感受	《鲁滨孙漂流记》《汤姆索亚历险记》梗概、节选,两部小说完整版	我喜欢的名著	学习写作品梗概	写一部名著的梗概
	科学精神	体会用具体事例说明观点的方法	《跨越百年的美丽》《千年梦圆在今朝》《真理诞生于一百个问号之后》《我最好的老师》《居里夫人传》《科学的旅程》	我心中的未来世界	能展开想象写科幻故事	科幻故事
	综合性学习:难忘小学生活	了解作者选材的目的	《难忘的启蒙》《老师领进门》《新来的王老师》《忘不了的笑声》《作文上的红双圈》《蝉鸣》《大仓老师》	策划校园活动	学习写策划书	难忘的小学生活

二、教学实施的安排

每次习作,教师依据上一节中的单元主题,完成以下的小学语文习作课程框架:第一课时,主题和方案制定;第二课时,读中悟写;第三课时,依据过程性习作手册预写;第四课时,修改与分享。

第一课时:主题和方案制定(30分钟)。

课程重点:集中一个主题,围绕习作的目标,把阅读、实践和习作三者联结在一起。

具体实施:师生共同制定并编写"读—行—写"过程性习作活动手册。

第二课时:读中悟写(40分钟)。

课程重点:在阅读中获取作者的价值认识、情感体验、语言样式和语言表达,寻找规律。

具体实施:师生在阅读过程中共同探讨习作的方法与规律。

第三课时:依据过程性习作手册预写(40分钟)。

课程重点：依据习作要求自主实践尝试预写。

具体实施：在生活实践体验、观察并记录的基础上，学生交流讨论过程性习作手册中记录的内容，丰富个人体验之后，运用在阅读中学到的习作方法独立进行预写。

第四课时：修改与分享(50 分钟)。

课程重点：依据习作要求，在讨论交流中不断地修改完善习作。

具体实施：以小组合作学习为单位，每个学生都需要在组内大声读出自己的作文，同组同学依据交流讨论的提纲，提出建议，并再次阅读相关例文，学生依据大家提出的修改意见，独立进行修改。

总之，我们对于过程性小学语文习作课程内容进行了整体设计与规划，具有整体性、逻辑性、层次性、可操作性等特点，同时，我们对过程性小学语文习作课程教学实施情况进行了安排，内容具体、思路清晰，具有参考性与借鉴性。

第三章　过程性习作课程的教学环节

在本章我们主要阐述过程性小学语文习作课程的教学环节，过程性小学语文习作课程以主题为线索展开，围绕某一特定主题，学生体验生活、观察思考，进行群文阅读、读中悟写，然后师生、生生之间进行交流对话，思维碰撞、互相启发，在此基础上学生进行初步预写，在习作中学生感受其中的困难与瓶颈，回过头来再进行文本阅读与思考，感悟写法与表达，再进行交流并多次加以修改完善。

过程性小学语文习作课程的研究改变了以往的单一的习作课概念，把"读写结合""生活化习作"和"过程性写作"的理论运用到课程开发当中。这里的"过程性小学语文习作课程"一是把"功能化的阅读活动—主题化的实践活动—个性化的习作活动"统一起来成为一个完整的系列化、序列化的习作活动；二是在"个性化习作活动"这个环节中完成"对话交流—反复修改—成果分享"这一完整的操作过程。

第一节　拟定主题　综合设计

设计主题的目的主要是将上一章所提到的"功能化的阅读活动""主题化的实践活动""个性化的习作活动"三者联结在一起，在同一主题下，实现阅读、实践和习作的系列化过程性习作活动。

以三年级上册"秋天的钥匙"这一主题实践活动为例。首先，学生整体阅读《秋天的雨》《秋天的图画》这两篇文章，在阅读活动中感受作者对大自然的热爱，对秋天的喜爱之情，领悟两位作者围绕对"秋天"的热爱，抓住秋天景物的特点，并在观察中引发丰富的想象，在细节刻画中运用比喻、拟人等多种修辞手法把秋天景物写得生动、形象的写法。在阅读活动中学生获取了间接的写作经验。然后，组织学生体验生活——开展"走进秋天"实践活动。在实践活动中，学生融入自然，陶醉于秋天的绚丽，感知自然界中季节的变换和一切生命的存在与灵动；也在体验生活中观察飘落的树叶，感知秋天的温度，并记录下所见、所闻、所想、所悟和所得，在整个实践活动中获得真实的生活体验、直接的生活经验。这样的习作改变了以往传统的习作教学模式，学生在动笔描述自己的生活时，教师引导学生进行实践活动，并进行真实的对话与交流，交流每个人的生活体验，交流每个人的习作思路，交流将要运用的习作方法，并尝试自主预写，写后再不断地交流、反复地修改，最后分享自己的习作成果。

从这个例子中我们不难看出，在过程性习作中，主题的确立是必不可少的，它起到了统帅作用，把阅读、实践和习作融合在一起，使它们变得你中有我，我中有你，相互关联，互为补充。

那么我们该如何确定主题呢？主题来源于哪里？确定主题应该遵循哪些原则呢？本节对以上问题进行探讨。

一、主题确立的依据

过程性习作实现阅读、实践与习作的统一，因而主题确定需要综合考虑，主题的确立既可以以"阅读"的内容为主，引发一系列的生活实践和相关的习作主题；也可以"实践活动"为主题，牵引系列的阅读活动和习作内容；亦可以"习作目标"为主题，拓展相关的阅读和生活实践活动。

人教版教材的编写体系恰恰是以单元主题的形式架构而成，整体分为三个层面——人与自然、人与社会和人与自我。在这三个层面中又涵盖听说读写的训练序列，这样可以透过教材的篇目寻找到习作、阅读和实践活动的具体目标。所以在主题的选定上，要依据教材内容拓展、延伸和整合，使其既符合学生的认知规律，又体现语文学科学习的规律。这就要对教材中阅读与习作的内容进行分析，同时基于实践活动开展阅读与习作，也就是可将教材内容与学生实践活动作为主题的来源，然后依据主题再选择相应课外阅读的内容与材料。

(一)依据教材单元内容确立主题

过程性习作实践活动是语文学科阅读活动、实践活动和习作活动整合的一种新形式，是语文课程改革的一个亮点，其意图是通过定向的、规范的语文训练，让学生集中地、高效地学习语文知识，提升语文素养。

过程性习作实践活动依托单元训练点拓宽了习作学习的内容、形式和渠道，使学生在更为广阔的空间里学语文、用语文，拓宽视野，丰富知识。从学科课程角度看，教材的单元主题高度地体现了语文学科人文性和工具性的统一；从《课标》的角度看，教材的单元主题和选择的内容，符合学生认知规律，体现了语文知识和语文学科素养，呈现了螺旋式上升的逻辑规律；从学生发展角度来看，它涵盖了学生对自然、社会和自我发展的认识，是为学生童年生活打上底色的设计，所以在过程性习作实践活动主题确定上的第一个思路，就是依据教材的单元主题来确定过程性习作的主题。

当然，教材中的单元主题涉及的范畴较大，教师和学生有无从下手的感觉，我们把教材中的单元主题范围缩小，结合学校和学生的生活实际制定了过程性习作课程的主题，如统编版语文三年级过程性习作课程的主题设计，见表 3-1。

表 3-1　统编版语文三年级上册过程性习作课程的主题设计

单元	教材中的单元主题	过程习作校本课程的实践主题
第一单元	学校生活	校园劳动日
第二单元	金秋时节	秋天的钥匙
第三单元	有趣的童话	走进安徒生
第四单元	续写故事	情节大猜想
第五单元	观察	海棠花开
第六单元	祖国河山	名胜古迹
第七单元	美丽的大自然	走进大自然
第八单元	美好品质	感动班级

从上面的表格中我们可以看出，依据单元内容设定的主题，更加符合学生的认知规律，在提升学生的价值观、情感和认识上能形成完整的序列。

比如，"走进鲁迅"这一过程性习作实践活动是在六年级第一学期开展的。人教版小学语文教材六年级第一学期语文第五单元即为"走进鲁迅"，教师在本单元的教学中引领学生自主阅读了《少年闰土》《我的伯父鲁迅先生》和《有的人》之后，学习了通过语言、动作、心理、神态刻画人物的方法，初步了解了鲁迅的童年，也知晓了他"为别人想的多，为自己想的少"的高尚品质。之后，教师拓展阅读范围，增加了鲁迅的作品（《孔乙己》《从百草园到三味书屋》《祝福》），其他作家回忆鲁迅的作品（萧红的《回忆鲁迅先生》、郁达夫的《回忆鲁迅》等），让学生全方面地了解鲁迅其人其事。教师组织学生参观了鲁迅故居，在阅读、实践的基础上让学生以"小小解说员"的身份，书写小小调查报告"我眼中的鲁迅"。这样在"走进鲁迅"的主题下，学生完成了阅读、实践和习作的全过程。在这个主题下，学生走近名人，感受鲁迅先生这位伟大的文学家、思想家的人格魅力。

又如，人教版小学语文四年级上册第四组课文都是关于动物的文章。学生在学习了《白鹅》《白公鹅》《猫》和《母鸡》这一组课文后，通过比较阅读，异中求同，发现了这一组动物文章描写上的共同特点——"抓住动物的特点，用典型事例描写"这一习作规律，于是确立了"我的动物朋友"这一过程性习作主题。让学生们自行组织生活实践活动，自行组合以小组为单位观察组内共同喜欢的动物。在实践中以"抓住小动物的特点，记录典型事例"为目的，班内八个学习小组有了八种不同的记录——贪吃的小狗、安静的小金鱼、聪明的鹦鹉、淘气的小猫、胆小的团子（小猫）等。学生们的习作内容大大地出乎了我的意料。这样的过程性习作实践活动不仅丰富了学生们的知识，培养学生与他人沟通、交流与合作的能力，而且提升了学生的习作能力，学生们也体会了成功的喜悦，树立了习作的自信心。由此看来，依托单元内容来组织过程性习作，不但是习作的延伸与发展，还丰富了习作的内容与形式。

再如，人教版四年级下册第五单元是围绕"生命"这一主题展开的。选编的四篇中外文学作品：《触摸春天》《永生的眼睛》《生命 生命》《花的勇气》，分别从不同角度反映了作者对生命的思考，抒写了作者对人生的感悟。在学习本单元时，学生通过读书感受到了生命的美好与顽强，激发了他们对生命的思考，使得他们更加珍惜生命、热爱生命。但因为学生年龄较小，对生命的意义缺乏深刻的理解，课文中的内容虽然能给学生震撼，却离学生的实际生活较远，因此需要开展实践活动让学生能更深入地感受生命，加深对生命的体验与理解。由此，本单元过程性习作的主题确定为"走进自然 热爱生命"。

在实施过程中，第一个主题实践活动是学生利用多种感官多角度观察事物，然后用导图的形式将观察所得记录下来。例如，观察小草，引导学生按从远到近的顺序观察小草，适当写入自己的联想和想象；观察柳树，引导学生多角度观察，用图片、绘画或文字的形式记录其生长变化；观察海棠树，引导学生在多角度观察记录生长变化的同时，融入自己的情感变化。观察昆虫，不仅要用前面学到的通过多角度观察记录昆虫的样子，还要记录观察过程中所发生的事情，并表达自己的感受。这样四篇习作训练四个有梯度的要求，一步步稳扎稳打，提高学生的表达能力，把事物写具体。

第二个主题活动的设计是启发学生回忆他们在观察动植物过程中发生的有意思的事情。对一句话积累的素材进行回忆，从多种感官记录进行思维扩散，丰富活动实践手册，学生根据这样的导图再写文章的时候，就会有语言、有动作、有神态、有感情。但是后来我们发现学生虽然把多种感官观察到的内容写出来了，但是表达衔接上有问题，不是语序错乱，就是衔接不够自然，于是我们就选择名家名篇当作范文，让学生将自己的作文与名家作品进行对比阅读，再次向大作家"讨教"，学生实现了自主修改。

在组织学生踏青感受生活美好的同时，我们组织学生通过拓展阅读《假如给我三天光明》《秋天的怀念》等文章，让学生知道在我们的生活中还有着像海伦·凯勒、史铁生那样身残志坚的人，他们也在用自己的方式感受着生命的美好。在生活中还有很多需要我们的关爱并帮助的人，因此我们组织学生在家长的协助下走进居委会，了解社区孤残老人的情况，并开展"送春天"的活动，将春天种下的小绿植送给行动不便的孤残老人，让他们也能感受到春天的生机。在开展活动后，又让学生用前面学习的方法列小标题，用多种感官观察记录导图的方式，记录活动过程并表达自己的真情实感，这次活动的习作也是对前面所学的方法是否掌握的一次检测。同时为了让更多的人都去关爱他人，我们继续带领学生写温馨提示语，倡议大家关爱身边的孤残老人。写温馨提示语又提高了学生的语言概括能力。同时我们还与时俱进，教给学生通过多种途径如微信、宣传海报、学校广播等，呼吁大家关爱社会弱势群体。

在这三个活动的实施过程中，学生的语言表达和书面表达能力都得到了提高，走进自然欣赏自然、探索自然的能力，走进社区与他人沟通的能力都得到了发展。同时学生对生命有了全新深入的认识，他们认识到关爱生命不仅要关爱自己、关爱他人，其实一切生命都有自己的价值都需要关爱。这些活动也实现了立德树人的教育目标。

学生带着阅读后的收获走向了生活，打开了认识世界的窗口，他们通过实践观察、记录、收集、讨论、交流等活动，获得了源源不断的习作素材，这与"生活即教育"的理念一脉相承。学生带着从阅读中吸收的先贤的思想、获取的观察方法、积累的语言走进自己的现实生活，把阅读和生活紧密相连，正所谓"读万卷书，行万里路"，这一习作过程有效地解决了学生作文内容空洞的问题。

（二）依据语文课文内容确立主题

我们可以对语文教材中的很多课文的内容进行拓展性的二度开发利用，使其成为过程性习作的主题资源。例如，人教版三年级下册第一单元的一篇课文为《燕子》，课文描写了燕子的外形和它在烂漫无比的春天从南方赶来，在天空中、湖面上飞行，在电线上休息的情景，表现出作者对春天的喜爱之情。教师可根据学生现状和季节特点确立"走进春天"的过程性习作主题。在这一习作实践活动中，我们设计了一系列的阅读和生活体验活动，目的是通过阅读，使学生获取观察方法，丰富语言积累，拓展文章样式，感受作者的生活体验，并将所学所感运用到自己的生活体验中去，或是印证阅读所得，或是运用阅读中所学方法，或是在实践中获得个性化的生活体验。这样沟通课堂内外，充分利用学校和社区等教育资源，开展习作综合实践活动，增加了学生语言实践的机会。此时的生活体验不仅仅是开放的、自由的、带有个性化认知的，也是有指导的、有目的、有序的实践活动，这样的习作模式解决了学生作文无内容可写的问题。

又如，学完人教版教材四年级上册第四单元《母鸡》一课，学生对动物产生了兴趣和探求的欲望，我们抓住这一契机，确立了"我的动物朋友"这一过程性习作实践活动主题，用"动物故事阅读""我的动物朋友实际观察""我的动物朋友习作"等系列化活动，把活动引向更深层次。这个过程性习作的主题激发了学生阅读和习作的兴趣。在整个主题实践过程中，学生的观察力、想象力都得到了训练与发展。由此可见"过程性习作活动课程"的设置也符合"语文综合性学习是培养学生语文实践能力最有效的途径"这一理念。

（三）依据学科实践活动确立主题

过程性习作的核心理念是"让学生在做中学"，让学生在实践活动中获得体验。《北京市中小学语文学科教学改进意见》指出，加强教学和社会实践的联系，将不低于10%的课时用于以语文应用为主的综合实践活动，发展听说读写能力。鼓励学校和资源单位合作研发校本课程，走进中小学生社会大课堂实践基地……

我校从全人教育、多元智能理论、全面发展教育观出发，对过程性小学语文习作课程的实践活动做顶层设计。挖掘语文学科的核心素养，制定三大类别的过程性实践活动：第一，基于传统文化视角下的过程性习作实践活动主题设计；第二，基于学科研究性学习的过程性习作实践活动主题设计；第三，基于学生生活需求下生活化过程性习作课程主题设计。

从以上三个方面整体构建学科实践类过程性习作活动的主题。例如，以中华传统节日和节气为主的过程性习作主题有"清明放纸鸢""谷雨巧种植""劳动寄深情""端午粽子香""登高敬老日"等。

这些学生实践活动主题很多都具有习作价值，因而，我们可以选择其中一些主题联系课内阅读、课外阅读和小学生习作要求对学生进行应用性习作的训练，培养学生将自身实践经验用文学、文字的方式表达出来。

二、主题确立遵循的原则

（一）序列化原则

《课标》对于各学段的写话、习作提出了明确的目标。第一学段要求学生留心周围事物，写自己想说的话，写想象中的事物。第二学段要求学生观察周围世界，能不拘形式地写下自己的见闻、感受和想象，注意把自己觉得新奇有趣或印象最深、最受感动的内容写清楚。第三学段要求学生养成留心观察周围事物的习惯，有意识地丰富自己的见闻，珍视个人的独特感受，积累习作素材。因此，在确立过程习作主题上不同的年级可以选择同一个习作对象，但主题是逐渐深入的，目标也是不断提高的。

在过程性习作中，根据不同年级的心理特点，我校设计了不同的活动主题。每一活动主题下，设置了不同的实践活动、阅读篇章。以我校三年级至六年级的植物类过程性习作序列活动为例（详见表3-2），可以看出四个年级同样是以植物为写作对象，教师根据不同年龄阶段，设计了不同梯度的主题，从单一的观察外形到多角度观察，再到观察其生长变化，最后不仅要观察还要了解植物所拥有的独特品格。在这四年的系统训练中，学生逐步掌握写植物的方法，将习作与生活紧密相连，将阅读与写作紧密相连。学生真正实现了习作能力的提高、情感体会的丰富、审美能力的增强，思维能力的升级。

表 3-2　三年级至六年级的植物类过程性习作序列活动

年级	主题	活动	定篇
三年级	鲜花朵朵　美丽迷人	制作鲜花书签，观察它的美丽	《石榴》（郭沫若） 《荷花》（汪曾祺） 《夏天的花》（叶灵凤）
四年级	走进自然　感受生命	走进自然，多角度观察身边的动植物	《杨柳》（丰子恺） 《紫藤萝瀑布》（宗璞） 《春》（朱自清）
五年级	植物生长　变化万千	养一种植物，观察它的生长变化	《清塘荷韵》（季羡林） 《种一片太阳花》（李天芳） 《牵牛花》（叶圣陶）
六年级	托物言志　砥砺品格	观察一种树木，了解其背后的象征含义	《白杨礼赞》（茅盾） 《松树的风格》（陶铸） 《枫叶礼赞》（孟超）

(二)遵循学生年段特点

依据文体特点确立主题是从文体特征出发，通过对小学阶段应该涉及的不同文体写作内容的梳理，形成一年级到六年级各文体习作（写话）主题训练序列。例如，记叙文中写小动物的主题，三年级要求学生能抓住小动物的特点进行描写；四年级要求学生能抓住小动物的特点，按照一定的顺序进行描写；五年级、六年级则要求学生在抓住动物的特点基础上，能结合事件，运用多种描写方法将小动物的特点写得活灵活现（详见表 3-3）。

表 3-3　三年级至六年级的动物类过程性习作序列活动

总的类别	年级	阅读内容	文体特点	主题确立
动物主题	三年级	《蜜蜂》《鼠狐猴》	说明文	动物世界
	四年级	《白鹅》《白公鹅》《猫》《母鸡》	叙事文	我的动物朋友
	六年级	《最后一头战象》《金色的脚印》	小说	讲述动物的故事

从表 3-3 中，我们不难看出，三年级到六年级的主题都与动物有关，但阅读篇目的文体不同，从阅读中获取的习作方法、语言样式等也

不同，所以学生在生活实践中观察的目标、重点也不同，最后个性化习作的目标在文体上、目标上也会有所不同。所以主题的确定，在不同年级可以设计相似主题，但目标要有所不同。

总之，主题的设定既要依据教材的单元内容来确立，也要考虑课文的内容；既要从教材中来，也要从生活中来；既要考虑教学目标，也要考虑年段特点。在确立了三年级到六年级的序列化主题之后，学生更明确习作的内容，教师更清楚习作教学的目标，也为接下来的"体验生活—群文阅读—交流预写—多次修改"活动指明了方向。

第二节　体验生活　观察思考

过程性小学语文习作课程中的体验生活，重在提升学生认识，使其获得真实的情感体验，学会相应的观察方法，养成良好的观察习惯和习作思维。在过程性习作主题下，学生了解了习作的目标和内容，但是如何书写出内容完整，不空洞、不虚假的习作仍是有待解决的问题。为了解决这一问题就要丰富学生的材料积累。

学生可从两个方面来获取材料积累的经验：一是间接经验的积累，主要是读书，增强文化内涵；二是直接经验的积累，主要是注重生活，丰富个人阅历。本节主要从注重生活方面来谈学生经验的获取。

一、体验生活的必要性

生活是作文的源泉，体验是作文的关键。作文是通过儿童独特的视角来表达丰富多彩的生活的。在过程性习作中，学生通过体验美好的生活就可以自然地写出动人的、吸引人的好文章。学生习作来自生活，一边张扬个性，一边在习作中学做人，对生活的理解也更透彻。

"巧妇难为无米之炊。"要想让学生获得真体验、真感受，教师就要组织学生积极参加各种实践活动。教师可以鼓励学生在实践活动中了解自然、理解人生、感受生活，并积极积累各种写作素材，这样才能做到言之有物。

以"走进春天"实践活动为例，如果学生并未真正地走进校园、走进社区、走进自然去寻找春天的脚步，则很难写出自己眼中的春天，很难有更真实、更贴近生活的内容。所以，我们在过程性习作的课程设计中一定要依据主题下的阅读和习作目标，设计同一主题下的实践活动，让学生亲眼去看、亲耳去听、亲身去体验。学生在"走进春天"的实践活动中，看植物吐绿、昆虫忙碌，听小溪潺潺，感春风拂面，品柳芽鲜嫩……这一切无不激发他们对春天的热爱，"春天"不再是一个熟悉的词语，而是头脑中鲜活的画面，真实的生活体验。春天的生机盎然深深地烙印于学生的心灵，这样的生活体验为学生提供丰富的习作素材。

二、体验生活的意义

体验生活最重要的意义是提升认识。生活是最好的老师，在过程性习作的主题实践活动中学生发挥着主观能动性，他们去体会、去感受、去探索、去发现，只有这样的认识才是真正富有价值与意义的认识，才是切实提升的认识。

(一)提升对自然的认识

在过程性习作课程的主题实践活动中，学生走进大自然，观察动物、植物的生长或者其他自然界的现象，通过收集资料或调查访问，了解自然。在与大自然的对话中，感受自然之美、自然之趣、自然的道理。

比如，我校编排的统编版小学语文三年级的过程性习作手册中的"我的植物朋友""这儿真美""国宝大熊猫"三个主题实践活动，学生或者通过多感官的观察了解柳芽的生长变化；或者观察景物的特点，认识其细节之美；或通过查找资料、去动物园参观，全面的认识大熊猫的象征意义与生活习性。这样的生活体验把人融入自然，建立和谐的人与自然的关系。

(二)提升对社会的认识

"人本质上是实践的人，是社会的人"，这是马克思的名言，小学生也不例外。但是由于年龄特点，小学生的对社会的认识比较单一与浅薄，甚至有些学生根本没有观察社会，体味人间滋味的意识。在过程性习作课程的主题实践活动中，学生珍视自己的所见所闻，加入自己的思考与想象，认识社会的丰富多彩，体会人生的苦辣酸甜。

比如，我校编排的统编版小学语文三年级过程性习作手册中"感受生活，记录快乐"这个实践主题活动，学生在游戏中有的品尝到成功的喜悦，有的感受到失败的心酸，还有反败为胜的喜出望外等，学生的感受在活动中被激活，体会更加丰富多元。

(三)提升对文化的认识

文化是生命，是一个民族的软实力。中华传统文化是中华民族屹立于世界之林的根本。在过程性习作课程中，我们通过设计一个个与传统文化有关的实践活动，让学生感受中华传统文化的魅力，体会中华传统文化的内涵。在活动中，学生触摸的不是冷冰冰的文字，而是投身于传统文化的海洋，被其感染与浸润，只有这样，学生才能真正了解我们灿烂的文明，感受作为中华儿女的骄傲与自豪，并化身为中华优秀传统文化的小小传播者。

比如，小学语文三年级过程性实践手册中"传统节日"这一实践活动就是选择自己最喜欢的一个传统节日进行资料的查找，还可以采访家长了解他们儿时的过节经历，再回忆自己的相关经历，将直观感受与客观资料相融合，将过去与现在相连接，将自己与他人相对比，了解传统节日的魅力与其背后浓浓的中华文化。

(四)提升对自我的认识

我校编排的人教版小学语文四年级过程性习作手册中"成长故事"这一活动，让学生在追忆中感受成功的喜悦、失败的沮丧，同学之间的友谊，第一次做某件事的忐忑……在这样的追忆活动中学生认识了自己的不足，了解了自己的优势，感受了困难带来的成长，以及生活中的美好对自己心灵的滋养。

三、体验生活的重要方法：学会观察

是不是只要亲身体验经历了，提升了自己的认识，就能写出文质兼美的文章呢？答案一定是否定的。很多学生有了亲身经历，在表达时却又不知从何说起。所以在体验生活的过程中最为重要的就是学会观察。

比如，在"走进春天"的实践活动中，学生走进了自然，来到了公园，或散步在校园，可还是写不出条理清晰、表达有序的习作来。原因很简单，学生在体验中没有做到有目的的观察。在活动中学生亲身参与到探究春天的过程中，在参观游览的过程中教师要引导学生注意以下几点：第一，要抓住一处景物，观察它的变化，并记录自己的内心活动；第二，要有重点地观察一种植物，记录它从整体到局部的样子；第三，要调动多种感官进行观察。

在观察中启发学生的求知欲望，发展学生的智力，培养他们的正确观念和积极健康的情感，这些都是写好习作的根本保证。在生活中观察，不仅在于让学生通过观察去获得习作的素材，更在于培养其养成良好的观察习惯，发展其认识事物的基本能力，培养其热爱生活、关心他人的良好品质，使其逐渐建立起实事求是的文章风格。那么在体验生活的实践活动中，我们又要引领学生学会哪些观察策略呢？

(一)有序的观察

观察一定要有序，或从整体到局部，或从局部到整体。具体来说观察应该按照从远及近，从上到下，从里到外，从左到右等顺序进行。观察有序是习作有序的基石，有序的观察培养了学生整体感知能力和逻辑思维能力。

观察事物需要把握事物的特点，以景物描写为例，不同的景物有不同的特征，即使是同一处景物在不同时间也会呈现出不同的状态。观察对象的不同使得观察的顺序也有一定的不同。

1. 按照从整体到局部进行有序观察

观察一处景物，可以按照从整体到局部的顺序进行观察。比如，先观察校园一角的整体再观察角落的一处景物；先观察一棵树整体的样貌，再观察具体的枝叶；先观察一片草地，再观察一棵小草。按从整体到局部的观察既能发现整体的美，又能突出个别的特点，既有广度又有深度。

2. 按照空间顺序进行有序观察

在进行观察时按照一定的空间顺序去观察，习作的内容就会条理清晰、层次分明。具体说来有以下几种空间顺序：由远及近，由近到远；从上到下，从下到上；由外到内，由内到外；等等。

比如，在观察人物外貌时按照由上到下的顺序，可以先观察五官，眉毛、眼睛、鼻子和嘴，接下来再观察身材和衣着。又如，在观察某一处自然景物时，要按照不同的类别进行观察。比如，"这儿真美"过程性习作中，来到公园，有小山、有池水、有草地、有绿树、有野花、有亭台楼阁，我们要一类一类地去观察。观察的顺序也是需要重视的。不能没看清远处的小山，就去看近处的池水，池水看清楚又回头看远处的小山。由远及近还是由近到远，从上到下还是从下到上，都要按照一定的顺序进行观察，这样观察，才能对所观察的景物获得清晰的印象，习作才能条理清晰。

3. 按照时间顺序进行有序观察

大自然是有生命的，自然界里一切植物都有自己的变化状况。比如，季节的变化——春夏秋冬，周而复始。比如，时间的推移——从清晨到傍晚，从不停歇。有时相隔几天，观察同一种自然景象就会有明显的差别。如果不能关注不同时间景物的变化全过程，就不能抓住它的本质与特点。

比如，在观察校园里的植物的时候，有两名同学都观察了教学楼西北角的一丛翠竹。一名同学看到了春天的小竹子不仅没有泛绿、抽出嫩芽，相反仅有的几片竹叶还落了下来，这名同学就到处宣称：学校的竹子死了。而另一名同学看到了这个现象很奇怪，又接着观察下去，不出三天，在老竹叶掉落的地方，长出了一片嫩嫩的小竹叶，于是他在自己的观察记录中这样写道："老的竹叶为了新的生命无私地奉献了自己，这是多么高尚啊。"这就是是否关注了植物变化导致的不同结果。如果不重视关注植物的变化，可能会写出完全不符合实际的习作。

4. 按照事情发展顺序进行有序观察

对于事件的观察顺序理应按照事件的发展顺序，从起因—经过—结果记录或追忆事件的过程，这样在表达时也会按照事件的发展顺序记录，做到"言之有序"。

5. 按照事物内在的逻辑进行有序观察

(1)对于人物的观察

在观察人物时首先要观察人物外貌，应按照由上到下的顺序先观察五官，眉毛、眼睛、鼻子和嘴，接下来再观察身材和衣着。在观察人物时，一般先立足于他的全貌，然后再抓住最有特点的一个方面进行重点观察，点面结合，重点突出。目前学生对人物的外貌描写比较单一，例如，无论写女同学还是妈妈、阿姨，写外貌必是：一双水灵灵的大眼睛，一张红红的小嘴，千人一面。经过细致的观察之后，写人物外貌就会抓住外形上的突出特点，可以是面部五官，可以是习惯的穿着打扮，也可以是肢体形态。

其次要观察人物的动作特征，在写父母之爱之前阅读朱自清的《背影》，父亲穿过铁路去买橘子的动作是最能体现父爱的部分，作者抓住了"攀"和"缩"写出了父亲费力爬月台的动作。

再次要观察人物的语言特征，所谓"言为心声"，一个人的性格特征通过语言就可以体现出来，孔乙己满嘴"之乎者也"体现了他迂腐的特征；阿Q"我的儿子将来比他阔得多"体现了他自欺欺人的性格特征。

最后要观察人物的神态特征，例如，写吃惊时的神态："先是愣了一下，然后眼睛睁得老大，嘴巴也合不上了"。再如，写嘲讽时的神态："眼睛眯成了一条线，有一丝不屑的光从里面流露出来"。

（2）对于动物的观察

观察小动物的顺序主要是按照从外形到习性而进行的。先观察它的外形，包括眼睛、耳朵、尾巴等；然后再观察它的习性，从动作、叫声、神态和其他几个方面进行观察与记录。

（二）连续的观察

事物变化的速度不一、变化的范围不一、变化的程度不一，学生往往对其中那些变化速度快、变化明显的事物感兴趣，认为这样才是变化，而对于一些缓慢、细微的变化往往没有察觉。比如，观察月季花开花的过程，学生进行观察记录时均将重点放在开花的结果上，因为这个变化是最直观也是最大的，其次的关注点是花苞时的样子，对于花瓣逐渐展开的过程关注较少，即使有观察，记录上留下的都是"花瓣展开了一点"这样相同的文字。要观察这样不明显的开花过程，就需要时间与耐性，做连续的观察与记录。

进行连续观察的要点有三个：一是要注意时间的变化，二是要注意层次的推进，三是要注意变化的现象。还以观察月季花开花为例，要把握时间的变化：从早晨一进校园就观察了十分钟；上午体育课上起风了，又观察了一阵子，直到风小了一些；午休时间，观察月季花的花瓣在阳光下舒展的样子；晚上离校前又观察。同时也注意层次的推进，体育课上的观察是从有风到风小了这一过程的观察。最后，注意观察月季花的变化，花瓣由紧紧裹在一起变成只有两三片花瓣，再到完全舒展。

（三）有重点的观察

在确定了观察的对象之后，不能眉毛胡子一把抓，应该对环境、人物或者情节等进行有重点的观察，就是要抓住典型的细节进行观察。有重点的观察可以使学生在习作中从细微处对事物进行描写，使其习作内容更加生动具体。有重点的观察可以使学生对事物的特点进行更加准确的掌握，相应地在写作中也可以更好地对其进行描绘。

全面观察关注的是事物的全过程，这是观察的广度；重点观察关注的是事物的片段，这是观察的深度。全面观察可以避免观察的片面性，而重点观察可以避免观察的单一性。重点观察强调观察构成事物的某个部分，掌握细节。想要做好重点观察，可以从以下两个方面入手。

1. 多感官观察

只从一个方面观察，势必会造成观察的单一。如果固定地从一个方面、一种角度去观察，事物的很多特点就表现不出来，不同特点的事物就难以区分。然而，多感官观察可以避免这个问题。所谓"多感官"就是从事物的形、声、色、态、味几个方面调动视觉、听觉、触觉、味觉多感官进行观察。重点观察最重要的策略就是调动多感官进行观察。它可以促使观察者更全面、更深刻地了解观察对象的特点，丰富习作素材的积累。

首次调动多感官的观察设计的观察对象比较单一，观察起来也比较简单。只要从视觉、味觉、听觉、触觉、嗅觉这五个感官入手进行观察即可。

接下来，还可以变换视角，调动多感官进行观察，这样对事物的观察就更加细致了。学生站在不同的观察视角，如观察校园的一角时，先可以远距离地看一看、听一听、闻一闻；接着走近了平视，对观察对象从视觉、味觉、听觉、触觉、嗅觉几个方面进行观察，再后来可以采取仰视、俯视等多种视角调动多感官进行观察。

不仅观察景物可以调动感官，观察人物与事件也可以。比如，从老师、同学、朋友、亲人中选择一位，运用多感官、多视角、多时段观察技法，对其进行一周的持续观察并记录下来。具体来说：可就初见时人物外貌、神态、动作进行观察，听一听他说话的声音，以及说了什么，闻一闻是否有烟味或者香水味；再选取观察其高兴时、生病时，或者其他时段进行多感官、多视角的观察；最后将时间的流逝与多感官观察结合起来，更容易发现人物的性格特征。

2. 比较观察

比较观察既可以和"自己"比，也可以和"别人"比。所谓和"自己"比，即将观察对象的各个发展阶段进行比较，发现各个发展阶段的不同，以及各个阶段的逻辑关系；所谓和"别人"比，就是将观察对象和其他事物相比较，发现此事物和彼事物的不同，突出此事物的特点。在比较观察时，既要比出不同，也不能忽视相同。既要重视比较的结果，更要分析产生这种差异的原因，这样的观察才是有价值、有深度的。

(四)观察中进行联想

《现代汉语词典》这样解释"联想",它是"由于某人或某事物而想起其他相关的人或事物;由于某概念而引起其他相关的概念"。

在观察时很容易会发生自然的联想,比如,望着老师慈祥的面容,很自然地会联想到自己的妈妈,想起许许多多关怀自己的长辈。这是由观察引起的联想,联想往往会自然地将观察印象丰富和深入。

由于观察某个人或某事物而想起其他相关联的现象叫事实联想;由于观察某人或者某事物得到启发而联想起其他相关的事物叫事理联想。无论哪一种联想都有不容置疑的作用。

联想能力不仅能提高习作水平,而且对科学研究也有重要的意义。善于联想的人,观察时会从观察对象联想到其他事物上去,会从该事物的现状联想到它的过去,从而认识它的本质。

1. 注重平时的观察积累

事实联想是由眼前所见、所闻、所感,引起对往日所见、所闻、所感的回忆,以回忆的事物进行补充,印证眼前的观察,事理联想是由此刻事件所呈现的道理、启示触发相似的道理、启示。两种联想都是眼前的观察与已有之事、物做比较、相映衬,从而丰富和加深了自己的认识和感受。

无论是事实联想还是事理联想,他们的基础都在于观察者平时的观察积累。鲁迅先生说:"留心各样的事情,多看看,不要看到就写。"正是强调了观察积累的重要性。善于作文者,必然善积累。虽然观察中的联想是一瞬间的事情,但是功夫全在平日。没有平时的积累、丰富的储备却要在习作中"文思如泉涌","诗成惊风雨,下笔泣鬼神"是不可能的。

特别是事理联想,我们要多多观察生活,体会其中的道理与启示。平凡之中甚至会蕴含着不平凡的真理。福楼拜说:"你应该久久地注视你想要表达的东西,发现过去任何人没有看到过和说过的形象和式样。人,总有根据前人思索过的记忆来使用眼睛的习惯,因而,一切东西都一定还有未被探索过的地方。区区小事也都包含着未知的部分,把它找出来吧。"我们要引导学生养成观察生活中的细节的习惯,体会其中的美好。观察是要用耳朵听、眼睛看,更重要的是面对事情要学会思考,思考它们出现的原因,得到道德上的感染与熏陶。

美好的事物能够给人以美的享受，能够让人充满积极向上的斗志，能够使人受到良好的影响。书写美好、歌颂美好，有利于培养自己优秀品质，陶冶情操。所以要注意养成研究那些曾经触动过自己美好情感的事物的习惯，有意识地进行观察。假若遇到不好的事物我们不仅要观察，更要思考。我们观察不良事物不是为了看热闹，而是为了发现问题，抨击错误，寻找根源，解决矛盾，弘扬正气，只有抱着这样的目的去观察、去思考，才能获得正确的认识，写出的文字才能给人以启示。

2. 注重积累材料的选择

联想一旦展开，一个平日积累丰富的人往往会提起笔来千言万语涌上心头却不知如何下笔。这就需要我们对头脑中的种种联想做一个筛选加工的工作。

在进行"积累与联想"加工时应该注意联想到的事物与观察对象之间要有尽可能多的相似因素，或者共同的规律性。因为"联想"的关键在于"联"，这是科学有效联想的基本原则。对于事实联想，我们要抓住"实"，即抓住实体，从实体出发展开联想；对于事理联想，我们要抓住"理"，即抓住道理，从道理的相同之处展开联想。事实联想是"由现象到现象"，"从个别到个别"；事理联想是"由道理到道理"，"从一般到一般"。比较这两个类型，后者比前者要更复杂。

在联想时需要在多样的观察积累中选择与现实最符合的材料，精挑细选。不能一股脑儿地将所有信息都一一罗列在观察笔记当中。

3. 注意联想上的创新

要从不同角度认真地探索与求新。比如，博物馆活动中我们参观了中国科技馆，学生们对古代中国展厅的九龙公道杯产生了兴趣，只要杯中的水到达一定的高度，水就会从杯底的小孔流出来。如果没有到达一定高度，有孔的杯子也不会漏水，很多同学对其中的科学知识进行了探索与实验，但是没有对这里面蕴含的人生哲理——"月满则亏，水满则溢"，"做人不能太贪心"等加以联想。

又如，在进行习作的观察与事理联想训练时，同学们通过观察生活中的现象，将所见所闻记录下来，联想其中的道理。现象之一：打开水龙头，用杯子去接水，看到了水一瞬间溅出了杯子，从这一现象感受到"做事不能操之过急"的道理。现象之二：只下了一小会儿雪，雪停后地上的雪基本看不见，从这个现象联想到"不能浅尝辄止，要厚积才能薄发"的道理。

(五)观察中融入感受

感受可以帮助观察进一步深入，观察又反过来帮助感受丰富起来。观察和感受不应该是割裂的，而是合二为一的，那么如何将感受和观察有机地结合起来呢？

1. 把自己融入观察之中

真正的观察是走入生活之中，和周围的环境和周围的人融为一体，袖手旁观是不能观察的，或者说是一种假观察。观察中要注意把自己摆进去，通过亲身感受，使自己的认识由片面逐渐达到全面。

第一步，以观察为主，关注观察对象的客观状态与特点。第二步，加入自己的感受，从不同的角度认真地观察。例如，在以"成长"为主题的过程性习作手册中，让学生先记录自己成长中遇到了什么困难，当时的心情怎样，后来是怎样应对的，自己的心情发生了哪些变化。有的同学这样记录：在大扫除时有脏东西在地上，怎么拖也拖不干净，我特别生气。后来自己用尺子撬、用小刀刮，脏东西一点一点地变小了，最后终于不见了，当我直起腰来看到能够映出人影的地面，真是太高兴了。在观察中，学生们感受到劳动的辛苦与快乐，以及智慧的魅力。通过观察与感受，达到了教育学生热爱生活的目的。

2. 在观察中深入思考

没有深刻的感受，就谈不上有深刻的主题。观察不仅能丰富素材，还是确立主题的关键。在观察中培养学生感受能力的时候要关注细节，因为细节是最能打动人心的。比如，在五年级的"父母之爱"过程性习作中，学生在选择了父亲或者母亲一方为自己的观察对象之后，要根据本次观察的目的(从父母的行为中感悟父母之爱的伟大与细腻)来确定观察的重点——父母的语言、动作、心理与神态等特征。一个细微的动作、一个深情的眼神、一句暖心的话语、一身简朴的穿着、一波微妙的心理，都可以在被观察的过程中具体化，给孩子以心灵的触动，使其感受到父母之爱的伟大与细腻。

在这一环节，学生获取了直接的生命体验、思想认识和情感体验，并通过一系列的活动积累了习作的素材，为下一步的"群文阅读，读中悟写"提供联系生活的积淀，使生活和阅读相连，阅读与生活互为印证。

第三节 群文阅读 读中悟写

学生经过上一步的"体验生活，观察思考"后，需要将独特的体验加以记录与总结，若此时将其写成文章可能存在立意不明、语句不通、写法单一等问题，这就需要进行群文阅读，从文中寻找不同题材、不同体裁在写作中的规律，用于指导自己习作。

一、"读中悟写"的意义

古人云："读书破万卷，下笔如有神。"这句话很精辟地表达了阅读与写作的关系。《课标》中写道："阅读是收集信息，认识世界，发展思维，获得审美体验的重要途径；写作是运用语言文字进行表达和交流的重要方式，是认识世界，认识自我，进行创造性表述的过程。"由此可见，阅读与写作既相对独立，又密切相连。可以说，没有阅读就没有写作，阅读是写作的基础，而写作的素材往往又来源于阅读中的间接感受，只有广泛阅读，学生才能积累语言，才能提高语言的接受能力和表达能力，由读到写，由写到读，相依相生，相得益彰。阅读是内化，写作是外化；阅读是积累，写作是运用；阅读是延伸，写作是提高；阅读与写作相辅相成，相互促进。优秀的文章得益于广泛的阅读。也只有广泛的阅读，才能写出精彩、写出新颖。

文学的第一要素是语言，只有将阅读中学到的知识积累起来，才能厚积薄发，达到所谓的"读书破万卷，下笔如有神"；"熟读唐诗三百首，不会作诗也会吟"的这种高层境界。教育家叶圣陶先生说过："阅读是吸收，写作是倾吐，倾吐能否合乎法度，显然与吸收有密切联系。"鲁迅先生也曾说过，自己的作品大都仰仗于先前读过的百来篇外国作品和一点医学上的知识。叶圣陶先生还告诉我们："小学生今天作某一篇文章，其实就是综合地表现他今天以前知识、思想、语言等等方面的积累。"可以说，一旦离开了生活实践的积累、思维成果的积累、语言文字的积累，那写作就成了无源之水，无本之木了。"千尺之台，起于垒土；合抱之木，生于毫末"，唯有充分的阅读，才有精彩的写作。

阅读是知识积累的有效途径之一，学生通过阅读开阔了视野，丰富了思想，积累了素材，如此，写作时才能左右逢源，信手拈来，充分客观地表达自己的思想和观点。阅读可以影响个人的情感态度和价值观，个人的思想和观点一旦形成势必会影响下一步的写作活动。同样，写作也会影响阅读作品的选择、阅读的倾向和阅读的方式。因此，我们要重视阅读与写作的有机结合，将"写作"长期植根于"阅读"的沃土中，使学生更好地从"阅读"中学"写作"，促使其写作水平不断提高。

二、"读中悟写"之群文阅读

过程性习作中的阅读是功能化的阅读，学生从阅读中学习和领悟习作的方法，积累习作的语言，但是，要想达到这样的目标和效果，单篇阅读是不够的、不充分的，我们需要基于一定的目的，引导学生进行群文阅读，在一系列文章的阅读中促进学生领悟方法和积累语言。群文阅读就是师生围绕着一个或多个议题选择一组文章，而后师生围绕议题进行阅读和集体建构，最终达成共识的过程。那么，如何进行群文阅读呢？我们梳理出如下方法。

（一）基于文体特征的群文阅读

学生习作首先要考虑文体特点，不同文体具有不同的写作风格与方法，比如读诗歌，我们可以找寻到它特殊的写作样式，关注它的语言和情感，学习它的想象与表达。又如读小说，我们就会学习其环境描写、人物的刻画、细节的描写等。又如读叙事性文章，我们就要在阅读中探讨叙事方法，情节的安排。再如读写景类文章，我们在阅读中就会深思作者是如何抓住景物的特点进行细致描写，并寓情于景的。因而，学生要写好某一文体的作文，必须大量阅读相应文体的文章，学习其立意、选材、构思、描写等的方法。根据实践经验，我们梳理了小学阶段各种习作文体的习作要点及相应的群文阅读推荐篇目（见表3-4）。

表3-4 小学阶段习作要点与阅读推荐篇目

阅读功能	阅读篇目
尊重生命	《生命 生命》《触摸春天》《永生的眼睛》《假如给我三天光明》
尊重自然	《自然界之道》《这片土地是神圣的》
学习小中见大	《一夜的工作》《背影》

续表

阅读功能	阅读篇目
学习环境描写推动事件发展	《桥》《梦想的力量》《草房子》节选
学习以事明理	《钓鱼的启示》《妈妈的账单》《小村庄的故事》
学习细节描写	《金色的草地》《白公鹅》
学习抓住特点描写	《铺满金色巴掌的水泥道》《秋天的雨》
学习按不同方面连段成篇	《长城》《颐和园》《埃及金字塔见闻》
学习情景交融	《我爱故乡的杨梅》《我爱家乡的柿子》《爬山虎的脚》
抓住动物特点用典型事例表达	《白鹅》《白公鹅》《猫》《母鸡》
学习点面结合的场面描写	《开国大典》
学习人物外貌描写	《金色的鱼钩》《老水牛爷爷》《凤辣子初见林黛玉》
学习人物语言描写	《金钱的魔力》《宋庆龄儿时的故事》《给予树》
学习人物动作描写	《小嘎子和胖墩比赛摔跤》
学习心理活动描写	《穷人》

以上内容在人教版小学语文教材的单篇阅读中可以挖掘到，但是人教版教材的主题单元多是以人文主题而构建的单元内容，少有以文体来建构的，所以学生不能系统地把握同一类文体文章的特点。再有，人教版教材中的例文较少，这就需要我们对同一主题或同一文体进行拓展建构，发现多篇文章的共同点，为"写"铺路。

（二）单元整合群文阅读

单元整合群文阅读是指以教材为主，进行单元统整，把同一单元、同一主题、内容相近、写法相似的篇目放在一起，学生透过这样的群文阅读寻找规律和方法。以统编教材三年级下册第一组习作为例。本组文章都是描写植物的，教师围绕教学目标设计了"读中学写——例文引路"的阅读活动，在该活动中，教师精心节选了本单元课文中的精彩片段，指导学生阅读，并做综合思考：上面的几篇文章都从哪些方面描写了植物，都写出了植物怎样的特点？作者又调动了哪些感官进行观察的呢？学生将思考结果记录在学习单上。

学生通过群文阅读发现不同的作者在描写植物时都调动了多种感官，从不同角度观察了植物。通过阅读短文，学生学习到作者的观察方法，丰富了学生的认知体验，并把自己的观察所得及观察感受进行记录，形成自己的植物观察习作。

（三）课文拓展群文阅读

课文拓展群文阅读指的是把课内外阅读有机结合，依据一篇文章的样式、内容、主题寻找篇章样式、语言表达、主题内容相同的课外阅读篇目，把其关联起来成为一组文章进行阅读。以人教版教材六年级上册第一组习作为例，本单元的习作主题是有声有色、有情有义的大自然。在本单元的教学中，教师除了带领学生投入大自然的怀抱；在《山中访友》中领略大自然的风姿，倾听大自然的声音，与大自然互诉心声；还有意识地拓展了阅读资料，为学生展示了名家写景融情的文章及片段，如：

> 春风带了新绿来，阳光又抱着树枝接吻，老树的心也温柔了，它抛开了那些讨厌的云儿，也来和自然嬉戏。你看，她有时童心发作，将清风招来密叶里，整天缥缥渺渺地奏出仙乐般的声音。它们拼命使叶儿茂盛，苍翠的颜色，好像一层层的绿波，我们的屋子便完全浸在空翠之中，在树下仰头一望，那一片明净如雨后湖光的秋天，也几乎看不见了，呀！天也让它们涂绿了！绿天深处，我们真个在绿天深处！
>
> ——绿漪《绿天》（节选）

> 风已比前尖削，太阳时常蒙着雾一般的头网。淡淡地发着光，灰色的云的流动显得呆滞而沉重。寒冷包满在大气中。野外的草木恐怖地颤抖着，无力拖曳它们翅膀似的，时时抖下萎黄的残缺的叶儿，一天比一天裸露了。远处的山仿佛火灾后的残迹，这里焦了头，那里烂了额。一切都变了色，换上了憔悴而悲哀的容貌。
>
> ——鲁彦《呼吸》（节选）

> 这个亭踞在突出的一角的岩石上，上下都空空儿的；仿佛一只苍鹰展着翼翅浮在天宇中一般。三面都是山，像半个环儿拥着；人如在井底了。这是一个秋季的薄阴的天气。微微的云在我们顶上流着；岩面与草丛都从润湿中透出几分油油的绿意。而瀑布也似乎分外的响了。那瀑布从上面冲下，仿佛已被扯成大小的几绺；不复是

一幅整齐而平滑的布。岩上有许多棱角；瀑流经过时，作急剧的撞击，便飞花碎玉般乱溅着了。那溅着的水花，晶莹而多芒；远望去，像一朵朵小小的白梅，微雨似的纷纷落着。据说，这就是梅雨潭之所以得名了。但我觉得像杨花，格外确切些。轻风起来时，点点随风飘散，那更是杨花了。——这时偶然有几点送入我们温暖的怀里，便倏的钻了进去，再也寻它不着。

——朱自清《梅雨潭的绿》（节选）

学生在充分阅读的基础上，再次进行头脑风暴，对名家的文章进行品评，从中汲取写作营养，综合教材里学到的知识和技能，修改完善自己的习作，进一步提升自己的习作质量。

（四）整本书群文阅读

整本书群文阅读是指围绕某一主题进行整本书的阅读，以了解和感悟该主题的基本内容、写法等。以人教版四年级上册第三组习作为例。这个单元的教学主题是童话，学习了本组课文，学生走进了奇妙的童话世界，了解了童话的内容，品味了童话的语言，体会了童话的特点。围绕童话开展的综合性学习，使学生进一步感受了童话的魅力。语文园地三让学生在写童话、讲童话、演童话的过程中，尽情体验童话带给他们的快乐。童话是孩子放飞心灵的翅膀，尽管现实世界让他们稚嫩的肩膀多了一些负担；童话让孩子理想的梦有了畅快的释然，即使生活没有为他们准备好飞翔的蓝天。在教学中，老师设定的目标是这样的：了解童话故事的特点；感受童话故事给我们带来的乐趣；养成边读边想的阅读习惯；学会抓住童话的特点编、写童话，发挥自己的想象才能，展示自己在童话故事方面的收获。在读写活动中，老师安排了"读中学写—比较阅读—读中运用—阅读积累"等阅读活动，引导学生归纳童话的特点，经过小组头脑风暴勾勒自己要创编的童话框架，预写童话。

（五）专项训练群文阅读

专项训练群文阅读指的是把课内和课外阅读打通，以专项训练为目的进行群文阅读。以统编教材三年级上册第六组习作为例，该单元是以"祖国，我爱你。我爱你每一寸土地，我爱你壮美的山河"为专题编写的，选编的四篇课文分别是《古诗三首》《富饶的西沙群岛》《海滨小城》和《美丽的小兴安岭》，所选文章体裁多样、语言优美，描绘了祖国令人神往的山水景观。

本次习作实践紧紧围绕单元训练专题，以"这儿真美"为主题，先从课文入手，通过对比学生自主发现写景类文章的重要写作方式——围绕一个特点进行有序描写。在此基础上学生进行实践活动，调动不同感官对生活中的美进行观察并记录下来。然后根据自己的观察记录预写一处美景，写的时候，尝试运用从课文中学到的方法，围绕一个特点写。在介绍美景时能按照一定顺序，有选择地描写景物，说清楚这个地方有什么，是什么样子的。接着阅读经典篇目，与自己的习作进行对比，自主发现习作不足并进行修改，最后成文。教师牢牢抓住观察一处景物，抓住景物的一个特点，按一定的顺序描写下来的要求进行教学。学会运用学到的写作方法，如先总述后分述的方法写清楚这个地方有什么，是什么样子的，是如何吸引人的等。能恰当地运用比喻、拟人等修辞方法。在写景的过程中融入自己的情感，抒发自己的感受。用这样的习作目标，对学生进行专项训练，指导学生从"阅读课文，了解内容—比较阅读，归纳特点"的角度进行初步的梳理训练，接下来带领学生进行实际观察记录，根据记录完成初步习作。例如：

首先，在我们身边也有很多景物，能用上我们学习的方法去观察其特点，尝试用文字记录下来。

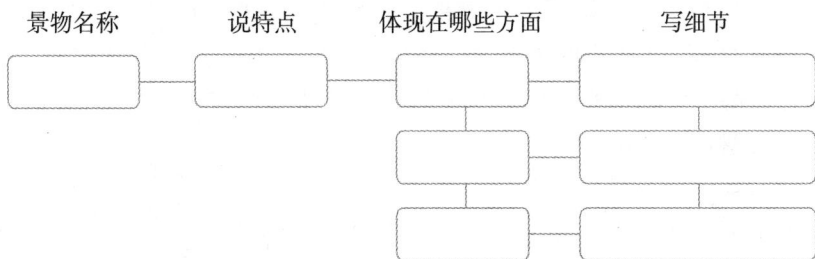

景物名称　　　　说特点　　　　体现在哪些方面　　　　写细节

其次，尝试用不同感官进行观察，发现景物的美。

特点体现方面	看	听	闻	摸	想

专项训练使学生在阅读与写作中得到强化训练，学生的写作技能势必有所提高。

三、"读中悟写"之领悟情感

现在很多学生习作缺乏真情实感，情感是小学生习作的动力，只有情深，才能文美。现在很多孩子，对生活中的事物缺乏一定的情感。文章内容看似具体，但是读起来索然无味。如何培养学生在习作中表达真情实感呢？情感产生在浮想联翩的瞬间。古人云："登山则情满于山，观海则意溢于海。"这意思是说在想象与联想中会萌发出汹涌澎湃的情感。如学生观察了一只小猫目睹蝴蝶飞舞的画面后，描写道"两只蝴蝶在花丛上空翩翩起舞，好像是一对伙伴在展示自己的优点，又像是在交流愉快的事情……"可见情感培养对于思维发展特别有益。又如，学生通过观察记录校园植物，通过小组交流一同回忆自己观察植物的美好情境，都有利于激发学生习作中的情感表达。

比如，单元习作"我的植物朋友"，学生通过阅读描写植物的文章掌握了一定观察植物描写植物的方法，并且进行了实际观察，完成了海棠花的观察记录单。观察海棠花不仅要记录海棠花的变化，还要记录观察过程中自己的心情。有的学生在记录感受时比较简单，比如我看到花开了很高兴，或者看到结果了很惊喜。而有的学生通过修辞方法表达自己的情感，比如，"看着叶间藏着像珍珠一般的小果子，我感到十分惊喜"。海棠的果实是绿色的，为什么学生要把它形容成珍珠呢？学生认为整个一棵海棠树，只结了一个果子，感觉很珍贵，所以把它比作了珍珠。这样的表达就比只写表示心情的词语更加丰富。还有的学生通过动作描写和语言描写表达情感。比如，我在绿叶间仔细寻找，终于看到海棠树结的果子了，那小小绿绿的果子真可爱，我兴奋地招呼着我的好朋友："快来看，海棠树的果实。"学生们就通过这样的交流得到了启发，表达情感的方式更丰富了。而学生在交流过程中，更加深了对海棠的印象，产生了更深厚的情感，也更好地培养了其热爱自然的情感。

四、"读中悟写"之领悟写法

(一)"读"中领悟篇章结构

1. 学习总分总

教材中有很多篇章语段都是总分总结构的范例，如《雅鲁藏布大峡谷》《美丽的小兴安岭》《香港，璀璨的明珠》《莫高窟》《泉城》，而这几篇文章又都是写景的文章，学生通过群文阅读感受了"总分总"文章结构的特点，了解了如何介绍才能让文章言之有序。

2. 学习先概括后具体

"概括—具体"是紧密联系的，用具体的事例去说明中心，也是小学阶段学生需要掌握的一种写作的方式，为了达到这一目标，我们在统编版三年级下册教学中进行了专项的训练，选取以下片段：

　　片段一："街上的行人各种各样，干什么的都有。有的骑着马，有的挑着担，有的赶着毛驴，有的推着独轮车，有的悠闲地在街上溜达。"

　　片段二："桥面两侧有石栏，栏板上雕刻着精美的图案：有的刻着两条相互缠绕的龙，嘴里吐出美丽的水花；有的刻着两条飞龙，前爪互相抵着；还有的刻着双龙戏珠。所有的龙似乎都在游动，真像活了一样。"

请学生读一读上面两段话，思考它们有什么特点？再试着仿写一段。

3. 学习过渡与照应

学生通过阅读《赵州桥》《秦兵马俑》《圆明园的毁灭》，加上阅读篇目《湖》的相关段落，比较发现其中的过渡句，并尝试在自己的习作中运用。

照应是指在一篇文章中前后内容彼此呼应的意思。选择的课文篇目为《十六年前的回忆》，文中父亲烧文件的情节形成了前后照应，学生通过阅读对事情的来龙去脉了解得更加清楚，对李大钊高尚品质的感受也更深刻。《小英雄雨来》中雨来的课本反复出现，不仅使故事更加完整，还体现了雨来的爱国精神。课外的阅读篇目为《最后一课》，里面的"分词""镇公所的布告牌""韩麦尔先生的礼服"都在不同的地方多次出现形成照应，或体现人物心情变化，或设置悬念，或体现人物的态度。学生通过阅读，发现照应的重要作用，并尝试在习作中运用。

4. 学习按不同方面连段成篇

《富饶的西沙群岛》《香港，璀璨的明珠》《雅鲁藏布大峡谷》均是按不同方面连段成篇的。比如《富饶的西沙群岛》从海面、海底、海滩、海岛的不同方面具体介绍西沙群岛的风光和物产;《香港,璀璨的明珠》通过市场、美食、海洋公园和夜景几个方面具体介绍了香港的繁华和美丽;《雅鲁藏布大峡谷》从大峡谷的雪山冰川、原始林海以及生物的多样性等方面描绘了峡谷的奇异景观。学生通过群文阅读,填写过程性习作手册发现每个篇章作者选取的不同角度,感受写景物文章在结构方面的另一种写法——按不同方面连段成篇。

(二)"读"中领悟记叙顺序

1. 按事情发展顺序

事情发展顺序是记事最重要的顺序,在统编版三年级下册第八组的课程中,学生对《慢性子裁缝和急性子顾客》《方帽子店》《枣核》等进行群文阅读,然后梳理每个阅读篇目的写作顺序,如《慢性子裁缝和急性子顾客》的写作顺序梳理,见图 3-1:

图 3-1 《慢性子裁缝和急性子顾客》写作梳理

接着在自己进行习作预写之前对自己的习作内容构建写作顺序。

2. 按时间顺序

《鸟的天堂》是人教版四年级上册的一篇文章,写了作者两次经过鸟的天堂的所见所感,按两次的先后顺序进行描写和记叙。但是本单元并没有其他按照时间顺序进行记叙的文章,所以在群文阅读中引入了《中国人民站起来了》和《我的战友邱少云》两篇文章,学生通过对比阅读体会到按时间记叙要注意抓住事件在不同时间段的变化,突出重点。

3. 按空间顺序

常用的记事的方法除了按事情的发展顺序、按时间顺序还有按空间的顺序,比如《漏》《草原》。学生通过阅读找出表示地点变化的词语,来了解文章的写作顺序,也就了解了这类写作顺序的基本特点,之后便可尝试运用在自己的习作当中。

(三)"读"中领悟描写方法

1. 学习静物描写

以统编版三年级下册第一组习作为例：本组文章都是描写植物的，阅读《我爱故乡的杨梅》《我爱家乡的柿子》《爬山虎的脚》，学生优秀习作《柳》《美丽的海棠花》，发现不同的作者在描写植物时都调动了多种感官，从不同角度观察了植物。通过阅读文章，学生需要了解作者的观察方法，学习把自己的观察所得及观察感受进行记录，并形成自己的植物观察习作。

2. 学习动静结合描写

《翠鸟》《鸟的天堂》《威尼斯的小艇》属于不同年级的课文，但都有动态与静态的描写。在群文阅读中，学生通过反复体会动态与静态的词语，想一想这样写的好处，并学习如何能从两个方面进行细节的描写，或由静到动，或由动到静，体现所写对象的变化与特点。

3. 学习点面结合描写

点面结合描写是场面描写的一个重要方法，所谓"点"，指最能表现人、事、景特点的细节，所谓"面"就是对人、事、景总体的概括性描写。

《开国大典》是人教版五年级上册的一篇课文，从文章中对毛主席的动作与广大人民群众的反应描写可以感受到这是一个盛大而隆重的典礼。

《大江保卫战》中对于战士黄晓文的动作进行了详细的刻画，对于四百多名战士的抗洪行为进行了整体的描写，让我们全面地感受到抗洪抢险的惊心动魄，人民子弟兵铮铮铁汉的本色。《十里长街送总理》在对所有人进行总体描写之后找到了最有代表性的老奶奶、青年夫妇、一群红领巾进行描写，体现了广大人民群众悲痛万分的心情。学生通过群文阅读发现点面结合描写的特点，更好地掌握场面描写的方法，使描写既有深度又有广度，更能充分地烘托氛围，表达思想，抒发情感。

4. 学习人物描写

人物外貌、神态、动作、语言等的描写，能更好地刻画人物性格，揭示人物的身份，显示人物的内心世界，表现人物的精神面貌，反映人物的高尚品质，创设生动的画面和活跃的场景。

比如，《金色的鱼钩》《少年闰土》《贝多芬传(节选)》《托尔斯泰传(节选)》中都有关于人物肖像的描写，通过阅读学生发现可以对人物的容貌、衣着、体型等具有个人特色的部分进行描写，体现人物的特点。

又如，将《背影》《爸爸的腌笃鲜》《刷子李》《小嘎子和胖墩儿比赛摔跤》进行对比，学生可以学习如何进行动作描写。首先是要传神，能准确反映人物的动作，体现其内心世界，其次是要细小，在细微之处见精神。

再如，学习神态描写的方法时需要阅读《鱼游到了纸上》《全神贯注》《尊严》等文章，通过圈画标识神态的词语，体会主人公的心理与情感，学习如何用合适的形容词来体现人物的神态。

(四)"读"中领悟遣词造句

学生要在读中积累语言，学习作者的语言运用。教材中文质兼美的文章比比皆是，比如，统编版三年级过程性习作中选择了《春天的小花园》《荷塘月色(节选)》《海燕(节选)》来体会不仅要把观察景物的样貌描写出来，还要通过自己丰富的想象，把景物描写得生动形象的写法。

又如，学习了《七月的天山》后，再写写景类文章就可以根据原文中"在轻轻荡漾着的溪流的两岸，满是高过马头的野花，五彩缤纷，像织不完的锦缎那么绵延，像天边的霞光那么耀眼，像高空的彩虹那么绚烂"这样的句子进行仿写，体会比喻与排比结合使用的修辞方法。

再如，在阅读完《庐山的云雾》之后，学生自主发现"有……有……有……有……尤其……"这种句式的运用，体会这样的句式在表现庐山的秀丽景色中的重要作用：以"尤其"一词强调了"庐山的云雾"这一独特的美景，转入作者描写的重点内容上来。在关注句子形式与作用之后可以指导学生尝试运用这种句式表达自己熟悉的场景，如看到植物园中丰富多彩的植物时可以用，描写清澈海水中的情景时可以用……这样会增强学生更好地运用语言材料的能力。

可以说，"群文阅读，读中悟写"为下面的"交流对话，初步习作"提供了大量情感体验与写作技巧。

第四节　交流对话　初步习作

过程性习作改变了以往教师命题，学生写作的单一模式。通过主题化的实践活动，学生提升了认识，积累了素材；通过群文阅读，学生学习了名家名篇的立意、选材、结构、描写等多方面的写作技巧。过程性习作真正实现了以学生为主体，以真实体验为基础，以习作技巧为依托的开放性、多元化的习作方式。除此之外，过程性习作还改变了初步习作的方式，学生在有了丰富的体验和多种习作技巧之后，交流已知与所得，在小组合作与讨论中思维在碰撞、想法在升华。交流对话是在习作之前，学生交流自己在实践中积累的素材和感悟，这是学生在过程性习作中进行的第一次交流对话。在预写之后学生还会对初稿进行第二次的交流对话。

一、交流对话

（一）交流对话的意义

过程性写作教学法是以"写作清单"为学习媒介，以"学习共同体"的合作学习为核心学习策略，围绕一定主题开展的交流对话能够帮助学生解决写作动机、目的、兴趣、语言等方面的困难。尤其是在小学中高年级学生的认知能力较之低年级学生有了一定提高，在写作过程中学生的个人观点更鲜明、思维也更活跃。在课堂中，教师合理地引导学生进行学习、交流和分享，能获得更多的写作灵感，实现思维的碰撞，更有利于学生心得和情感体悟的收获，从而提升学生的习作水平。

1. 互相启发，开阔思路

作文与生活紧密相连，生活是作文的源泉，生活丰富，学生的作文内容才会丰富。然而对于小学生来说，由于不善于观察生活，也不知道该怎样描写生活，他们的生活即使再丰富，也可能写不出好的文章。虽然学生通过过程性习作手册的引导，有意识地观察生活，积累素材，但是其思路还是比较狭窄的。学生间通过交流可以实现思维的碰撞，进而互相启发。很多学生表示在写作的过程中经常会出现无话可说的情况，究其原因，主要是学生平时的语言表达和交流机会比较少，因此教师需要为学生提供更多的交流和沟通的机会。此时的学生交流，就能起到互相切磋，彼此交流，丰富写作素材的作用。

比如，统编版三年级上册第一单元习作"猜猜他是谁"，学生大多数的写作素材是老师或者同学。而在小组交流的过程中教师可以引导学生进行头脑风暴，尽量思考老师、同学之外的写作对象。有的同学关注到了学校的保洁员，受到启发，其他同学也开始把思路打开，平时生活中与我们朝夕相处的除了老师、同学，还有保洁员、保安、食堂师傅等，他们身上也有很多特点，于是学生的思路、观察角度，通过交流变得更加开阔。当交流到如何观察自己身边的人时，学生的思路更是通过交流被开阔了，有的学生通过访谈加深对所写人物的了解；有的学生要通过观察记录表记录保洁员的工作时间及工作内容；还有的学生用手机录下所写人物的生活情景。通过交流对话，学生的习作素材丰富了，观察角度及观察方法也丰富了。

2. 建构文章，建立联结

写作是"意义建构"的过程，在交流对话的场景中写作才能切实培养学生的写作能力。建构主义认为，学习者是在一定的社会情境中获得知识的，是通过人与人之间协调合作主动建构的。交流对话能够培养学生把写作任务与写作资源联结起来，依据语境需求主动地对语言、内容、文体进行选择，这是一个自动自发、链式反应的过程。作者独特的生活经历是非常宝贵的，应当通过有效策略尽可能地激活学生已有的信息记忆。同时当学生缺乏某些信息时，可设计相应活动帮助学生增加体验。

比如，过程性习作中要求学生选择一种动物作为主角，大胆想象，编一个童话故事。写关于动物的童话对于学生来说并不陌生，但是此次习作要求与以往不同，要写动物失去原来的主要特征，或者变得与原来完全相反，动物的生活会有什么变化？又会发生哪些奇异的事情？学生要通过大胆的想象，努力把夸张、奇特的故事情节写清楚。如果拿到题目就让学生去写，学生肯定无从下笔，因此教师需要创设话题，引导学生交流讨论，可以先让学生思考生活中对哪些动物熟悉，然后再思考当他们熟悉的动物的特征与原本特征完全相反会怎么样？这个环节可以采用问题串的形式进行小组交流讨论。比如，有的学生熟悉小狗，小狗一般具有爱汪汪叫、见到主人摇尾巴、爱吃肉等特点；而与这些特点相反的特征可以是不会叫、见到主人不摇尾巴、爱吃素等特点。同组同学可以设置以下问题，为什么这只狗不会叫？它爱吃素具体喜欢吃什么？是什么原因导致小狗吃素？吃了素会有什么事情发生……学生回答这些问题串的过程，就是在建构文章内容的过程，在回答问题的过程中，学生还可以通过评价交流，评出最有趣的情节，这就为学生初写成文打下基础。这种问题串也可以用思维导图的形式呈现出来，回答的过程就是学生成文的过程。

3. 内容具体，结构清晰

学生习作中暴露出内容不具体、结构不清晰等问题，归纳而言是学生的写实能力的不足。《课标》中对各学段学生的叙述描写能力与多文体的转换能力都提出了相应的要求。课堂中可以通过交流对话的形式提高学生的写实能力。

统编版三年级下册第三单元的习作主题是写自己家过节的过程，或节日发生的印象深刻的故事。很多学生在收集传统节日习俗时，就对包粽子、做月饼、写对联这些事情很感兴趣。而本单元的一个语言训练点就是运用连续动词介绍一次手工活动的过程。学习单元的设计就是让学生通过阅读连续动词把事件写具体的片段，使其体会到运用连续动词写作的好处，同时也通过追忆的方式，把自己实践过程中的动词列举出来。但是记录和真正的表达是有一定差距的。学生写在学习单上的连续动词出现了用词重复、连续动词不全等现象，而仅仅把连续动词进行串联来写自己做的事，表达上也不生动。此时，教师根据学生所选内容进行分组，将记录同一种手工活动或类似手工活动的学生分为一组，大家通过小组交流，在交流过程中，用词重复、连续动词不全的现象同学间就会进行补充，同时学生在说的过程中，也是情境再现的过程，每次的表达及倾听，都会使学生的追忆内容变得清晰，从而使整个动手活动的表达变得更清楚，小组同学之间的语言表达也会互相融合，用词也会变得丰富生动。

（二）交流对话的实施

学生交流对话的前提一定是围绕话题先进行独立的思考，把自己要表达的内容梳理清楚，再小组内进行交流，而在小组内交流的过程中，教师要强调学生之间要认真倾听、互相补充，只有这样才能更有效地进行思维碰撞，全班汇报交流时，教师要能敏锐地发现学生发言中存在的不足，再针对不足之处组织学生重点讨论，然后尝试预写。交流对话，初步习作的基本流程如下：

独立思考 → 小组交流 → 全班汇报 → 重点讨论 → 尝试预写

二、初步习作

在生活中学生对实际事物的动态、静态进行观察，对事件的发展与变化进行记录或者感悟，然后带着在实践过程中积累的结果或者出现的问题进入课堂习作实践中。在交流对话的课堂上教师要正确引导学生观察事物，教会学生捕捉生活中的细节，并用自己的语言将所见所闻记录下来，并尝试运用习作技巧。运用生活化教学策略，将生硬的技巧与鲜活的生活结合在一起，不仅能激发学生们的写作热情，培养写作兴趣，也能有效推动小学语文习作教学工作的顺利开展。加上学生在预写之前进行了"读中悟写"，再次体会了一定的写作技巧。在"阅读"和"观察"两者的共同积累之下，学生开阔了习作视野，拓展了习作思维，能主动发现生活中的事物，感触生活中事物的美好，这些激发了其动笔习作的意愿。至此，学生将自己的观察记录进行构思，运用阅读中的写作方法进行初步习作。

学生通过交流对话、互相启发、开阔思路，建构的文章结构清晰，内容相对来说比较具体，但是仍有些描写不够生动，一些习作的技巧没有应用到自己的写作当中，这就需要进行过程性习作的第五步"阅读引导，多次修改"。

第五节　阅读引导　多次修改

过程性习作强调学生反复修改，自主建构。学生通过体验生活、观察思考积累了素材，经过群文阅读学到一些习作的技巧，再通过学生之间的交流对话取人之长，补己之短，形成了一份习作的初稿。接下来的修改过程打破了以往习作课教师给出批改意见，学生进行修改的被动模式，通过引用名家名篇、学生佳作、教师下水文等形式，调动学生的自主阅读、比较阅读的兴趣，促使其对自己的习作进行多次修改。此次阅读是过程性习作中的第二次集中阅读，而修改是通过阅读之后的修改。

一、阅读引导

因为学生的初次预写仍存在一些问题或者不足，为了改善习作减少问题，学生需要再次从阅读中寻求写作密码。阅读的对象，首先是小组内学生的预写习作。如在一次描写秋天景象的习作中，同样是描写秋天树叶，有的同学的描写十分精彩："在凉爽的秋风中，教室旁边的枫树叶子像美丽的蝴蝶扇动着翅膀，轻盈的飞落下来。"看到如此精彩生动描绘，其他同学不禁感叹其观察有独到之处，心中不禁浮想联翩，跃跃欲试，产生"我也会"的冲动。

我们都知道，对于初学习作的小学生来说，在小学语文习作教学中，教师对小学生习作的指导是必不可少的。如果教师缺乏对学生的有效指导，学生自己也无从下手，不知道该如何习作。因此，阅读的对象可以是教师在小组交流中发现的优秀范文。组内互评结束之后，教师在班级选出优秀的范文，供大家共同赏析，让大家了解优秀范文的标准，体会其美妙之处，并且以其作为参照，对自己的文章进行修改。那么为了保证小学语文习作教学的有效进行，我们以如下内容为例，进行阐述。

语文习作教学中，为了让学生叙事更加生动，会涉及场面描写的讲解。关于场面描写的习作教学是这样进行的，教师选出优秀范文：

①给出几组词语，让学生想一想这些场景会是什么场面。这样能自然代入今天所学的习作内容。这些词语让学生能想到生活中的很多场面，比如运动场面、劳动场面、游戏场面等。

②通过朗读范文，让学生体会场面描写的作用，让学生感受场面描写所带来的特定的气氛。

③介绍场面描写的定义，分别介绍点和面的定义。让学生理解到什么是场面描写，什么样的描写是大的、面的描写，什么样的描写是具体的、点的描写。

④再通过一篇范文来巩固学生刚刚学到的点和面的习作知识。

⑤接着分析这些场面描写是通过描写什么来实现的，包括语言、动作、心理、神态等的描写。

⑥给出指导性的意见：如何写好场面描写？主要通过以下四点：第一，写好每一个"点"；第二，运用点面结合；第三，抓住动态场景来写；第四，描写要按一定的顺序。

⑦这时又列出一篇范文，巩固已学的习作知识。

⑧在具体的习作指导下，结合范文，写一篇场面描写的习作。

以上所列举的是人教版教材中普通的一讲，在这样习作教材的明确指导下，学生的学和教师的教都会有所依托，小学语文习作教学目标也能更有效地达成。有了鲜明的对比，就更加迫切地要求我们对小学语文习作教材进行改进，使得我们的小学语文习作教材中能够有更明确的习作指导，能够有更多优秀的和表达相似的范文。只有这样，小学语文习作教学才能更加有效地进行。

二、多次修改

(一)多次修改的意义

1. 突出习作意识

习作主要是为了与读者进行交流分享，这就表明习作行为必须具备目的意识、读者意识和个体意识。基于此，过程性习作强调在习作过程中培养学生正确的习作意识。首先，目的意识。习作行为开始时，作者就应该考虑写这篇文章的目的是什么，想要通过文章这一载体表达什么思想或者抒发什么感情。没有目的，文章就逃不出"假、大、空"的虚假习作的牢笼。其次，读者意识。读者是作者交流分享的对象，是阅读作文的主体，是习作行为中不可缺少的部分。学生作文的读者不仅是教师，也应该包括同伴、同学、父母、亲戚甚至是陌生人。只有突出读者意识，学生的作文才能避免走进自说自话的误区。最后，个体意识。同伴互评、修改、定稿等，学生都是完整的个体，他们可发散思维、畅所欲言，而教师是他们习作过程的协助者。这样学生在一个生动活泼的环境中，就可提高其习作的积极性、主动性。

2. 投入习作过程

既然教师不是学生作文唯一的读者，那修改者也不该只有教师一人。过程性习作强调修改方式的多样化，主张采取小组合作的方式进行评价并且修改，同时在修改的过程中也可以请教老师、父母、亲戚或者身边从事编辑职业的人。这样，学生不再害怕教师对自己的作文不满意，进而避免对习作这一行为产生排斥，从而积极参与习作课堂活动，投入习作过程，获得积极的情感体验。

3. 提高习作水平

过程性习作强调多次修改，一篇作文至少要修改四次才能定稿。的确，修改不仅在过程性习作中作为一个独立的阶段存在，而且在打草稿、校订等阶段中也要求学生独立修改或合作修改，可以说正是在一次又一次地不断修改中发现、解决习作过程中遇到的实际问题，才能确保学生习作水平的提升、作文质量的提升。

（二）多次修改的步骤

1. 组内互读，修改结构

习作中的交流，是指学生在习作初期所进行的同学之间的互相讨论。小学高年级学生在前几年的习作学习过程中，在教师的指导下，已初步具有一定的知识积累和表达能力。从学生身心发展规律和认知规律来看，学生这时候的思维也正处不断发展，逐步提高的阶段，其学习求知欲，表现欲望都比较强烈。在这个阶段中需要教师适时指导，有效点拨。因此，在学生写完一篇习作后，可以采用自由组合，让组员互相分享习作的乐趣，并对文中存在的突出问题进行交换批改、互相评析。习作互改互评打破了学生之间互相封闭的局面，使彼此都能品评他人的习作，能用自己的眼光去发现同学习作的优点和缺点，在共同探究中相互学习、相互启发，激活各自潜在的智慧。通过同学之间的合作交流，能看到同学对自己的习作的态度，以及听到同学对自己习作褒贬的真实声音，并从中了解同学改评、欣赏习作的水平。实践证明，大部分学生不仅乐意互评和自改习作，而且认真细致，积极性高，这不仅使学生吸取了许多能改进自身习作的经验教训，还提高了自己的习作水平。由于是站在读者的角度来思考，不但学生的心理适应能力以及角色互换能力得到不断提升，而且合作探究的精神得到了培养，个体心理也走向成熟。在这个过程中，不仅学生的习作能力会有所提高，其世界观、价值观都会跟着有所提高，思维方式和观念也会变得更缜密、更合理。一个人的成长，思维的成熟是最重要的标志，通过习作教学，能让我们的学生快速成长。

首先，教师要引导每个小组成员们在小组内进行合理的分工，推选出一名组长，负责组织小组的习作合作进程以及监督并检查小组成员的学习情况，其他小组成员分别担任记录员、资料收集员、联络员等，而且这些分工可以常更换。这样做不仅可以让每个成员在不同的岗位上得到锻炼，还能让成员们明确小组合作学习的机制，建立起积极、互相信赖的合作关系。其次，教师要指导学生在习作合作学习过程中，紧紧围绕习作的主题展开交流与讨论，并提出合作交流过程中的具体要求：善于倾听、勇于发言、敢于质疑。在习作合作学习中，根据小组分工的不同，教师可以引导小组内完成以下学习任务：如合作确定习作题材、讨论并选择习作素材、列好提纲并合作确定习作框架等。

2. 全班共读，参照修改

班级集体修改这一阶段指在作文评价中，教师把最具典型性的作文作为案例和全体学生进行交流、探讨和评价。集体性评价有利于学生理解与把握习作的目的，有利于学生避免不必要的错误，有利于学生汲取作文心得和技法。集体评改是教师组织全班学生一起参与评价批改的一种方式。这种方式目标明确、要求明确。集体评改应在教师的指导下，共同商讨，相互切磋，充分调动学生评改积极性。这种评改方式的具体操作步骤如下：

第一，选择"范文"。选择问题作文，即班级本次作文中较为突出的带共性问题或当前作文教学中要重点解决的问题。如"童年趣事"训练中对"趣"的理解偏差的作文。选好问题作文后，教师再设计好评改要求细则。

第二，展示评改。教师通过多媒体展示要修改的代表性习作及评改的问题要求，学生看要求，读范文，然后思考、探究、商讨。

第三，点评总结。教师引导学生辩解争论，学生是评价修改的主体，教师适时辅以诱导、点拨，并形成定论。最后教师进行总结，有利的就肯定，有亮点的就表扬。

在语文核心素养基础之上的小学高年级的习作教学过程是互动的、动态生成的，它需要教师与学生双方的积极参与，因此评价的主体不光包括教师，还要包括同学、甚至家长等的评价。当然，在具体的任务评价中，教师需要提供详细的反馈，给予操作性的意见，引导学生通过多方的有效评价反馈，调整自己的学习进程，完善更适合自己的学习方法，确立学习目标，制定学习规划。基于语文核心素养的小学中高年级习作教学评价鼓励学生、家长等参与，语文教师要从不同主体的角度反馈，帮助学生更好地认识语文学习与个人发展的关系，学会自我监控和管理。学校应营造出大环境，建立学习与评价的体系，帮助学生学会持续反思、终身学习。

3. 完成修改，分享成果

该阶段是习作的最终加工整理和美化阶段，它是学生根据同伴互评、教师点评的结果，对文章进行不断的检查、修正、反思而最终校读定稿的阶段。在这个阶段，教师可以要求学生在二次修稿的基础上，从语言学的角度，检查是否有语法错误、有无错别字等，学生可以在遣词造句上加以修正、完善，最后作品进入定稿阶段。这一习作过程完成后，教师可让学生在班上朗读彼此的作品，并制作作品墙，展示每一期作品，让学生分享习作的乐趣，把习作变成一个有意义且愉快的过程。

　　总之，经过长期反复实践探索，我们形成了过程性小学语文习作课程的基本环节、流程及其一般方法，教师在基本环节引领下组织习作教学活动，规范有序，同时发挥自身主动性与创造性，根据具体情况灵活调整与运用。在过程性小学语文习作课程实施过程中，学生实践、阅读与习作反复联结，在实践基础上阅读与习作，在阅读中对实践与习作进行反思与感悟，在习作过程中回顾阅读、参照学习，感悟实践、升华认识。在此过程中，学生逐渐体会习作的方法与意义，获得习作的经验，同时促使实践的意义更加清晰、丰富，文本阅读获得更多价值，并对阅读文本的理解更加多元与深入。

第四章　过程性习作课程的课型探索

课堂教学是课程实施的核心，对于课程实施至关重要。为了更好地在课堂教学这一主渠道中实施过程性小学语文习作课程，我们在基本环节基础上着力探索开发了过程性小学语文习作课程的几个基本课型，包括："读中悟写"过程性习作课、"实践体验"过程性习作课、"读写关联"过程性习作课、"跨界转化"过程性习作课、"自主修改"过程性习作课，每种课型在阅读、实践与习作三个方面各有侧重却又相互关联，共同促进学生习作在拓展阅读、实践反思与过程性习作中提升习作能力。我们详细地描述了每种课型的概念内涵、基本结构与实施策略，并提供教学设计、教学案例等辅助说明，力图为教师对过程性小学语文习作课程进行参考借鉴与探索应用提供帮助。

第一节　"读中悟写"过程性习作课

过程性小学语文习作课程中，功能性阅读是其中的重要内容，本研究中的阅读是一种有方向、有目标的阅读，主要是为习作提供范例、积累语言，为如何将经验转化为文字提供思路与方法，同时也促使阅读更加深入与个性化。在本节中，我们主要对"读中悟写"过程性习作课这一课型的内涵、基本结构与策略进行详细的阐释。

一、"读中悟写"过程性习作课的内涵

"读中悟写"过程性习作课是一种以阅读课为主、借助文本的语言环境，把阅读经验转化为习作能力的过程性习作课程。阅读是吸收和学习，习作是表达与应用，两者相辅相成。在"读中悟写"过程性习作课中，学生把阅读材料作为习作的资源和出发点。在阅读的语境中运用联结、想象、推测等方法，进行习作的专项训练。

二、"读中悟写"过程性习作课的基本结构

(一)重点品读，感悟写法

1. 重点品读，自读自悟

教材中的很多课文都有值得学习的写法，我们可以把这些文章大致分为写景、状物、写人、记事、想象等类别。从不同类别的课文中学习不同的写作方法。在整体阅读的基础上，抓住典型的段落重点探讨作者为什么写和是怎么写的。

比如，人教版三年级下册《荷花》一课，教学时学生重点品读课文2～3自然段，思考作者是围绕着荷花的哪几个方面来写的，又是怎样进行生动具体的描写的。学生通过圈点勾画找到作者是通过叶和花这两个方面对荷花进行描写的，在描写的过程中抓住了叶和花的特点，运用了排比、比喻等修辞方法，将荷花描写得栩栩如生。

2. 小组交流，总结写法

在自读自悟的基础上，学生带着独立的发现在小组内进行交流，并完成交流学习单，以《荷花》一课的为例(见表4-1)：

表 4-1 《荷花》一课交流学习单

阅读内容	重点段落	我的发现	讨论交流
课题：	重点描写：	作者是从（　　）方面来描写荷花的。作者是怎样写具体的？举例说明	小组分享： 1. 2. 3.

学生通过自主发现、小组交流，发现文章运用的方法。学生发现的方法往往是零散片面的，而通过在交流中不断地梳理、归纳、总结，最终形成个体化的知识建构。

很多文章中都有值得学习的写法，我们可以从不同类别的文章中学习不同的写作方法，了解文章结构。

比如，状物类写动物的习作，我们可以引导学生去阅读统编版三年级上册《搭船的鸟》一课中的片段：

　　我正想着，它一下子冲进水里，不见了。可是，没一会儿，它飞起来了，红色的长嘴衔着一条小鱼。它站在船头，一口把小鱼吞了下去。

学生可以读一读这段话，想想翠鸟捕鱼给自己留下的印象。学生在自读自悟、小组交流中发现这一段主要描写了翠鸟捕鱼时的动作，突出了它动作的敏捷。那么，作者是用什么方法写出翠鸟这一特点的，教师可以引导学生总结方法，在写动物时，我们就可以抓住动物的动作来突出小动物的特点。

又如，描写动态景物时要关注写作顺序，我们可以引导学生去阅读统编版四年级上册的《观潮》一课中的片段：

> 午后一点左右，从远处传来隆隆的响声，好像闷雷滚动。顿时人声鼎沸，有人告诉我们，潮来了！我们踮着脚往东望去，江面还是风平浪静，看不出有什么变化。过了一会儿，响声越来越大，只见东边水天相接的地方出现了一条白线，人群又沸腾起来。
>
> 那条白线很快地向我们移来，逐渐拉长，变粗，横贯江面。再近些，只见白浪翻滚，形成一堵两丈多高的水墙。浪潮越来越近，犹如千万匹白色战马齐头并进，浩浩荡荡地飞奔而来；那声音如同山崩地裂，好像大地都被震得颤动起来。
>
> 霎时，潮头奔腾西去，可是余波还在漫天卷地般涌来，江面上依旧风号浪吼。过了好久，钱塘江才恢复了平静。看看堤下，江水已经涨了两丈来高了。

通过自读自悟、小组交流，学生可以发现本课主要是按照由远及近的顺序写了潮来时的全过程。

又如，在学习写人物特点方面，学生在小学阶段接触的写人记事类文字比较多，很多文章中都蕴含多种写作方法。如统编版三年级下册《剃头大师》：

> 我的表弟小沙天生胆小，他怕鬼，怕喝中药，怕做噩梦，还怕剃头。
>
> 小沙每次都是被姑父押进理发店的，而且，姑父还得执一把木尺在一旁监督，否则，小沙准会夺门而逃。
>
> 店里的剃头师傅都不欢迎小沙这样的顾客，因为谁给他剃头，他就骂谁"害人精"，还用看仇人一样的目光怒视对方。

本段内容可以先让学生读读，思考这部分内容在写谁的什么特点。学生会发现这三个自然段都是在写小沙胆小的特点，那么作者是运用了哪些方法来突出这一特点的呢？学生通过自主阅读以及小组讨论会发现通过对姑父的动作描写来侧面突出小沙胆小的特点；通过对小沙的神态、语言的直接描写突出了其胆小的这一特点。

此时教师还可以出示统编版三年级下册《我不能失信》中的片段，引导学生继续发现描写人物特点的方法。

> 父亲见庆龄停住了脚步，奇怪地问："庆龄，你怎么不走啦？"
>
> "爸爸，我昨天和小珍约好了，今天她来我们家，我教她叠花篮。"庆龄说。
>
> "你不是一直想去伯伯家吗？改天再教小珍吧。"父亲说完，拉起庆龄的手就要走。
>
> "不行！不行！小珍来了会扑空的，那多不好啊！"庆龄边说边把手抽回来。
>
> "那……回来你去小珍家解释一下，表示歉意，明天再教她叠花篮，好吗？"妈妈在一旁说。
>
> "不，妈妈。如果我忘记了这件事，明天可以向她道歉；可是我并没有忘记，我不能失信啊！"
>
> "我明白了。我们的庆龄是个守信用的孩子。"妈妈望着庆龄笑了笑，说："那你就留下来吧！"

通过学生发现、教师总结，引导学生了解到本段内容是通过具体事例，对庆龄语言、动作的描写，以及其与父母的语言、动作的对比描写，突出了庆龄守信用的特点。

很多叙事课文都承载着不同的训练任务，比如统编版三年级下册《蜜蜂》一课，就教给了学生实验的基本步骤，学生可以学习从这一课中提取的实验目的、实验步骤、实验结论这样的文章结构。

又如，人教版五年级上册主题为"父母之爱"的单元，通过学习本单元文章，学生可以学习作者选材的角度，如《慈母情深》的母爱体现在为了孩子宁愿自己受苦上；《"精彩极了"和"糟糕透了"》的父爱体现为严厉的批评，母爱体现为不断的鼓励和赞美；《学会看病》的母爱体现在母亲放手让孩子自己看病上。通过三篇文章的学习，学生对父母之爱有了更丰富的认识。

再如，想象文章是学生很喜欢阅读的一类文章，在想象文章的阅读过程中，我们也有很多的习作训练点。如统编版三年级下册《小真的长头发》[①]中的片段：

"要是从桥上把辫子垂下去，就能钓到鱼呢。挂上一点儿鱼饵，河里的鱼，不管什么样的，都能钓上来。还有呢……

"要是从牧场的栅栏外面，把辫子嗖的一下甩过去，连牛都能套住呢。一下子就能套到牛角上，只要用劲拉啊拉的，一整头牛就是我的了。还有呢……

"就是在露天地里，也能睡大觉。只要把头发像紫菜卷那样卷在身上，就成了暄腾腾的被子了。还有呢……"

这一单元主要是让学生学会新奇的想象，而本课则为学生插上了想象的翅膀，但是仔细阅读，会发现作者的想象虽然新奇，可又是符合事物特点的，比如头发的特点是长、多、蓬松，所以才有了作者想象到的头发能钓鱼、套牛、当被子。

教师就是这样依据文章特点，发现学生需要掌握的习作方法；学生在自读自悟、小组交流、教师总结的基础上习得方法。

比如在"我的植物朋友"习作课上，学生对于《荷花》一课最突出的想象的技巧理解不深入，教师就必须进行指导，让学生通过不同方式的朗读与想象，将自己化身为荷花，感受字里行间的美好，体味想象这一技巧的独到之处。

（二）群文阅读，拓展提升

通过对教材的单篇阅读，学生发现了一些方法，但是单一的文章并不能解决学生在习作中的所有问题，所以，在"基于阅读的过程性习作课"上，教师引入了一些名家名篇的片段，通过比对阅读，加深学生对于某一类文体的篇章结构、语言表达样式的理解与感悟。

---

① 2019 年春季教材使用这篇课文，2020 年春季教材改为《宇宙的另一边》。

比如"我的植物朋友"习作课，教师进行拓展阅读，请学生翻开手册，阅读交流这些片段的写法：

> 杨梅圆圆的，和桂圆一样大小，遍身生着小刺。等杨梅渐渐长熟，刺也渐渐软了，平了。摘一个放进嘴里，舌尖触到杨梅那平滑的刺，使人感到细腻而且柔软。
>
> 杨梅先是淡红的，随后变成深红，最后几乎变成黑的了。它不是真的变黑，因为太红了，所以像黑的。你轻轻咬开它，就可以看见那新鲜红嫩的果肉，嘴唇上舌头上同时染满了鲜红的汁水。
>
> ——节选自《我爱故乡的杨梅》

> 我的家乡坐落在偏僻的山村，这里土特产很多，其中最有名的要数大柿子。
>
> 每年六月，柿子树开满黄灿灿的小花。那花儿小巧精致，犹如童话王国中的金色皇冠。
>
> 柿子花谢过不久，碧绿的树叶间一下子冒出许许多多青里透亮的小生命，那就是小柿子。这时的柿子还不能吃。如果不信，咬上一口，你一定会涩得说不出话来。
>
> 柿子成熟的季节是在深秋。几阵凉风吹过，树叶飘飘洒洒落了不少。田野里、山坡上到处可以看见缀满枝头的柿子。在秋日的阳光里，柿子闪闪发亮，令人垂涎欲滴。
>
> ——节选自《我爱家乡的柿子》

> 爬山虎刚长出来的叶子是嫩红的，不几天叶子长大，就变成嫩绿的。爬山虎的嫩叶，不大引人注意，引人注意的是长大了的叶子。那些叶子绿得那么新鲜，看着非常舒服。叶尖一顺儿朝下，在墙上铺得那么均匀，没有重叠起来的，也不留一点儿空隙。一阵风拂过，一墙的叶子就漾起波纹，好看得很。
>
> ——节选自《爬山虎的脚》

阅读之后教师提问：想一想，上面的几篇文章都从哪些方面描写了植物，都写出了植物怎样的特点？作者又是调动了哪些感官进行观察的呢？尝试把你的发现画出导图。学生拿出过程性习作手册，把导图绘制在相应的位置。学生利用自己绘制的导图在组内交流自己的想法与体会，发现这三个片段都关注了植物的生长变化。

教师还可以进行拓展阅读，巩固学生所学，给学生提供演练的机会，学生将自己发现的写作方法再次从新的文章中得到验证，通过交流，把习得的知识讲给同学听，举一反三，牢固掌握知识。

状物类写动物的习作，我们引导学生从统编版三年级上册《搭船的鸟》一课的片段中了解到了运用动作描写突出动物特点的方法了，教师还可以再次出示人教版四年级上册《白公鹅》下面的段落，让学生阅读交流这段的写法，巩固所学。

> 它走起路来慢条斯理，仔细掂量着每一步。落步之前，它总要先把脚掌往上抬抬，再合上掌蹼，就像收起张开的扇面一样；然后摆一会儿这个姿势，再不慌不忙地把脚掌放到地上。

学生运用刚才学过的方法，自主发现本段同样通过对白公鹅走路的动作描写突出了它的慢条斯理。

有了两篇文章的例子，教师还可以出示平时生活中小动物的视频，让学生尝试通过动作描写突出小动物的一个特点，然后学生互评互改，将学到的方法加以巩固。

状物类写植物的习作"我的植物朋友"，全班交流过后，教师还可以引导学生进行总结描写植物的一般方法，比如描写果实时可以从颜色、形状、味道几方面进行，描写花时可以从颜色、形状、气味、姿态等方面进行，一般的植物可以从根、茎、叶等方面进行描写。

(三)结合语境，读写同步

课文是学生学习写作技巧最好的例子，所以，基于阅读的过程性习作课首先就要求学生对课文进行品读，明确教材提供的习作方法。

以"协同发展"理念为指导思想，语文教材中不但为学生提供了阅读的材料，同时也为学生提供了很多习作的语言样例、语言材料和言语表达的语境。这些隐藏在作品中的阅读与习作要素，它们之间相互联系、相互促进。从整体设计、有效促进学生读写同步的"长程视野"和拓展习作教学的新时空的"整体愿景"出发，整体分析《课标》之后，统一整合细化语文单元学科目标，重新建构读写同步的过程性习作课程，形成学生习作能力可持续生态链。

以人教版三年级上册中前三个单元为例，为了帮助学生从写几句话过渡到写篇章，我们结合单元习作设计了读写同步的过程性习作内容，在每篇课文中找出一个读写同步的训练点，在课中或课后进行基于文本阅读的习作训练，力求小而精，既为每单元的大作文服务，也可逐步提高学生的习作水平(见表4-2)。

表 4-2　三年级上册第一至第三单元读写同步过程性习作内容

单元主题	单元习作内容	单元文本	读写同步
第一单元 多彩的生活	我们的课余生活	《我们的民族小学》	结合课后阅读材料，仿照第三自然段的写法推想一下民族小学放学后的情景
		《金色的草地》	文中的谢廖沙和他的哥哥，会在这金色的草地上做什么游戏
		《爬天都峰》	结合文章积累词语"高耸入云""心惊胆战""望而却步""高不可攀""一鼓作气"这些表示山高或畏惧情绪的词语来复述我爬天都峰的过程
第二单元 名人的故事	写身边熟悉的一个人	《灰雀》	我们一起来推测一下当孩子听了列宁的话后，回到家可能会发生什么？
		《小摄影师》	小摄影师走后可能会遇到什么问题？他又是怎么解决的？
第三单元 心中的秋天	写一幅秋天的图画	《秋天的雨》	想象秋天的雨还会把什么颜色给谁？它们又会有什么样的变化？
		*《听听，秋的声音》	让我们静下心来倾听，展开想象的翅膀，你还听到了秋天的哪些声音？

1. 明确练笔主题

在进行正式的片段书写之前，教师要引导学生明确自己的练笔主题，引导学生关注生活。比如"我的植物朋友"，学生练笔的主题可以是文中略写的那些植物或者引导学生运用关联的方式联系生活中"我的植物朋友还有谁"，并运用文章的表达方式，写出自己的"植物朋友"。

2. 尝试小段练笔

在明确了主题之后，学生回忆自己的生活，尽可能地利用刚刚发现的写作方法进行练笔。比如学生在学习与思考之后写成的"我的植物朋友"——小草：

我走进草丛，轻轻地拨开枯草一看。呀！原来新长的小草都藏在枯草里呢！有的小草长的笔直笔直的，挺着小腰板，长的稍高一点的小草被露珠压弯了腰。我又忍不住去摸了摸，凉凉的，湿湿的！我又用鼻子闻了闻，一股若隐若现的清香迎面而来。

3. 讨论交流

学生练笔之后，在小组内进行互评。每一次的互评都会有一定的标准，该标准囊括了内容、结构、字词、写作手法等多方面的内容。学生利用习作手册上的评价量表进行规范性、科学性的评价，这有助于被评价人的进一步修改，也有助于全体学生更加理解本次习作的重点。

利用交流单深入探究，学生讨论交流记录（见表 4-3）：

表 4-3　讨论交流记录单

学生姓名：	讨论交流
我围绕的主题是：	我留意到（　　　　　　　　）方面你写得非常好
我最想写清楚的是：	
我觉得最难写的是：	我觉得（　　　　　　　　）能让你写得更好
我认为我写得最好的地方是：	
教师评价：	

4. 总结提升

状物类写动物的文章学生习得方法后，还需要动笔练习，此次的练笔不同于单元习作，可以只针对这一个知识点设计片段练习，这样的练笔更有针对性。学生已经从《搭船的鸟》中习得了方法，从《白公鹅》中巩固了方法，有了两篇文章做例子，教师还可以出示平时生活中小动物的视频，比如小仓鼠吃食，小鹦鹉洗澡等视频片段，让学生尝试通过动作描写突出小动物的一个特点。然后学生互评互改，将学到的方法进一步巩固。

从写景物类的文章《我爱故乡的杨梅》《荷花》中学习方法后，学生可以观察校园的植物、观察常吃的水果，从几个方面来进行描写，巩固自己所学知识。

对于学习了描写动态景物的文章后，可以让学生写日出、下雨等自然景观进行巩固练习。

通过《剃头大师》《我不能失信》《不懂就要问》这样三篇文章的学习，学生对突出人物特点的基本方法已经掌握，教师就可以先让学生说说身边同学具有哪些特点，然后让学生选择合适的事例运用学到的描写人物特点的方法进行口头作文。

当然，仅仅掌握这些方法还不够，学生还会在以后的学习中接触更多的写人的方法，比如人教版五年级下册中的人物描写一组，学生还会学到写人物外貌、运用修辞方法突出人物特点等方法，学生在每一篇文章中汲取知识，以后才能将这些方法融会贯通。

想象文可以让学生进行仿写小练笔，小真的长头发还能做什么，铅笔还会有哪些梦想等。

这一教学环节的习作要求不要过多，要与前面学习的方法一致，提出的习作主题要让学生能用到所学的方法。因为时间所限，也为了提高课堂效率，此处的练笔以片段为主，口头练习为主。

三、"读中悟写"过程性习作课的策略

(一)明确文章习作知识点

每篇文章的习作知识点可能不止一个，教师在选择时切忌面面俱到，而是要根据单元的习作要求进行选择。因此每篇文章习作知识点的渗透要目标明确、重点突出。

比如在教学《海底世界》一课时，习作的要求是初步学会整合信息，介绍一种事物。在教学海底世界时，重点就是让学生了解作者是如何围绕中心句进行选材的。只有习作知识点明确了，例文的学习才会对学生提高习作水平起到推动作用。

(二)前后联系合理选择阅读篇目

文章中的写作学习点很多，受学生年龄限制，课时限制，我们不可能把所有学习点，在课堂教学时都讲给学生，有时本学期的课文中的一些好的方法会对下一学期的某篇习作有所帮助，因此不仅要对本册教材进行了解，还要了解其他年段教材，这样在引导学生运用例文学习写作方法这个方面才能前后联系，达到更好的效果。

比如在教学统编版三年级上册《不懂就要问》一课时，单元的习作重

点是通过对外貌、爱好、性格、品质等方面的描写去介绍一个人,因为是初次习作,学生能把文章从这几方面写清楚即可,对于侧面描写这样的方法虽然文中有,但是此时教给学生,学生理解起来是比较困难的,因此这样好的写法我们可以让学生进行积累,不必强调。而在三年级下册介绍身边有特点的人时,单元课文中的《剃头大师》中又一次用到了这样的方法,此时学生的理解能力有所提高,再拿出《不懂就要问》中的片段与《剃头大师》的片段进行对比,学生就会发现两篇文章用了同样的方法,此时学生再运用到习作中,便会游刃有余。

(三)关注例文的梯度训练

例文的选择是根据习作需要进行的,同样是写植物,三年级上册的习作要求是从不同方面观察植物,把植物写清楚,因此在选择例文时,《我爱故乡的杨梅》起到了很好的示范作用,而拓展阅读中选择了三年级下册的《荷花》一课,教师并没有进行全文或整段选入,而是只选择了与本次学习重点有关的句子进行展示。

《荷花》一课除了从荷花、荷叶、姿态几方面描写荷花,还运用了看想结合的方法,在三年级下册,学生再写植物时,教师把这一方法加入进来,这样的写作更符合学生的发展,这样有梯度的训练能更好地逐步提升学生的写作水平。

附:"我喜欢的小动物"过程性习作教学设计

导语:今天我们要通过《母鸡》这一课,学习老舍先生是如何写小动物的。

一、重点品读,感悟写法

过渡:我们先整体地从内容上进行比较,看看《猫》和《母鸡》在内容上有什么相同之处。

(一)自读自悟,找到相同

1. 比较《猫》和《母鸡》,看一看两篇文章在内容上有什么相同之处?

预设:都表现了动物负责、勇敢的特点;都描写了动物的叫声。

（二）小组交流，同中求异

1. 从相同处入手，发现不同。

预设：

(1)小组商议选择一处相同点进行比较。

(2)独立学习，圈画相同内容，寻找不同，做批注。

预设：《猫》写猫捕捉老鼠，感受到老舍对猫的喜爱之情。《母鸡》写母鸡育雏、护雏、教雏，体会到老舍先生对母鸡的敬佩之情。

2. 小结。

我们从两篇文章的相同点入手，都是抓特点、写事例、表情感的写作方法。通过层层比较，发现了内容上的不同，感受到老舍先生情感表达的不同。

二、群文阅读，拓展提升

过渡：其他的作家又是怎样写小动物的呢？我们打开习作手册阅读上面的片段。

1. 自主阅读。想一想：这些片段运用了什么写法？

2. 小组交流。

3. 全班交流：细致的心理描写让读者身临其境。

三、结合语境，读写同步

1. 明确练笔主题：介绍自己喜欢的小动物。

2. 尝试小段练笔：用具体的事例体现该动物的特点。

3. 讨论交流，完成评价单。

四、总结全文，归纳方法

今天我们通过对比阅读不仅感受了两篇文章从内容到写作方法的异同，而且更深入地理解了如何在习作中表达情感。可见，对比阅读可以找到一类文章的写作方法，这个方法一定会对你接下来的习作有很大的启发。

第二节 "实践体验"过程性习作课

在过程性小学语文习作课程中，实践体验是必不可少的环节，实践体验可以是教师引导学生有目的地进行实践活动，也可以是学生在习作过程中反思与回顾自己之前的实践与体验，实践是习作的源泉与不竭动力，只有深入体会才能写出好的习作，习作是实践基础上的真实表达，同时也使得实践意义更清晰、内涵更丰富、体会更深刻，习作是实践的升华。在本节中，我们主要对"实践体验"过程性习作课进行了详细描述，明确了其内涵、基本结构与实施策略。

一、"实践体验"过程性习作课的内涵

作文教学一直是令教师比较头疼的难题。教师讲、教师改、教师评，学生似乎只要写了就算完成任务了，至于写得怎么样就与自己无关了。这是一种畸形的教学方式，在这种方式下无论学生写多少篇作文对提高其习作能力都微乎其微。要想改变这种方式首先就要在学生的头脑中建立文体的意识，在一次次实践当中丰富自己的体验，为习作积累更多的素材。

"实践体验"过程性习作课指立足于生活的习作课。在这一类型的习作课上学生带着目的体验生活，以丰厚的生活作为习作的素材。"实践体验"过程性习作课培养学生在日常生活中主动观察、积累体验、发现生活的习惯，将真实体验转换为具有浓厚生活气息的习作。

习作本身源于生活，"实践体验"过程性习作课冲破了习作与生活之间的障碍，扩大了课堂习作的范围，学生以自己真实的实践体验为描述对象进行习作，并从实践体验中摄取"养料"，表达自己的真情实感。

二、"实践体验"过程性习作课的基本结构

（一）确定观察对象

在"实践体验"过程性习作课中，教师与学生首先要明确本次实践的对象。首先确定观察对象的类别，是事还是物，是物中的植物、动物、景物、建筑物还是人物等。这对于后续制定观察体验方案打下基础。在确定观察对象之后，学生可以有意识地按照观察对象的不同寻找有效的观察方法。比如"传统节日"这一习作主题，学生就要通过已知的内容与资料的查找，确定"传统节日"的意思，知晓我国传统节日都有哪些，具体的某一个传统节日都有哪些风俗、习惯等。

（二）明确观察目的

习作的要求不同，观察的对象也不同，观察的目的和侧重点也会不

同。根据习作的要求,我们要引导学生带着目的去观察。在观察前,应先明确观察的对象、阐明观察的目的,按照习作的要求,引导学生有的放矢地去观察。比如,写想象类的习作,在想象之前要明确观察的重点是典型物品的外形和特点,然后再根据最有特点的部分进行想象。

教师提出观察的任务必须清晰,同时要考虑观察的具体步骤等,如果观察目的不明确,学生的脑子里就会一片茫然;尽管作文之前布置学生观察要写的事物,结果写的时候照样什么都写不出来。例如进行"那次真好玩儿"的观察的目的是要突出游戏的有趣,小伙伴们玩耍时的快乐,怎么突出呢?这就要求教师指导学生观察清楚小伙伴们的动作、神态、语言。如果学生不能细致观察,教师可以提供观察的线索,可以提示学生,首先要观察同学们看到游戏道具时的第一反应是什么,接着观察同学们游戏时手、脚分别起什么作用,他们在做这些事情时的表情是怎样的?然后观察旁观者的动作、语言,看看他们的身上有没有能反应游戏"有趣"的地方。这样学生才能有所发现,才会言之有物,而且写出来的习作才有自己的特色。

(三)制定观察方案

1. 制定实践任务单

在实践之前最重要的是根据习作内容与要求确定不同的实践体验内容,所以首先需要学生制定合理有效的实践任务单,使活动目标明确、过程合理。而不同的文体,不同的题材,确定的实践内容也随之不同。比如写人的文章,如《我给××画张相》《身边有特点的人》,我们要抓住人物的特点来观察,抓住典型的事例来观察,我们可以从哪些方面观察其特点呢?哪些事件才是典型事件呢?

大家进行头脑风暴,一起思考,如果我们要向他人介绍我们熟悉的人物时,我们要了解这个人的哪些特征呢?学生通过这样的自主思考,设计任务单。

2. 交流完善任务单

学生自主思考,初步设计任务单后,再在小组内交流各自的思考结果。在一人发言的同时,其他人修改、补充自己任务单的表头,等到小组内所有人都交流完毕,大家围绕以下几点进行讨论并阐述理由:

第一,合理性——是否符合习作的要求;

第二,可行性——能否在实际的观察、体验中实施;

第三，全面性——是否能全面地达成习作要求。

3. 修改完成任务单

小组交流后，每组派一名代表在全班进行交流，对于不能确定的内容，在教师的引领下达成共识。交流的过程中同样遵循小组讨论的原则，最后在教师和学生共同努力下，完成任务单（见表4-4）。

表4-4 人物图像观察记录单

人物图像观察记录单						
姓名： 我和他（她）的关系：						
特点与事例	年龄	外貌	爱好	性格	习惯性的动作	品质
凸显 的特点						
具体 事例						
用语言描述一下你的观察：						

再如，关于对小动物的观察实践活动任务单学生们是这样来确定的（见表4-5）：

表4-5 关于对小动物的观察实践活动任务单

从不同方面观察		顺序	多种感官	抒发情感
外形	生活习性			
颜色	吃食的样子	从整体到局部	视觉	
长相	嬉戏的样子	从局部到整体	听觉	
个头	追逐争斗的样子	从整体到局部再到整体	嗅觉	
形态	如何筑巢		味觉	
	如何捕食		触觉	
	休息的样子			

（四）观察体验并记录

1. 自主观察，填写记录单

制定好任务单后，学生在任务单的指导下观察实践，并按任务单上的内容进行记录，把观察过程中的感受逐一记录下来。比如在写"我的植物朋友"时，学生就可以按下面要求进行观察、记录（见表4-6）。

表4-6 "我的植物朋友"观察记录单

感官与感受	植物：菊花
视觉	
听觉	
嗅觉	
触觉	

在写"我喜欢的动物"时，学生可以这样进行观察、记录（见表4-7）。

表4-7 "我喜欢的动物"观察记录单

不同方面与感受	动物：小狗	
外形特点	颜色： 体形： 五官：	四肢： 尾巴：
生活习性	吃食： 睡觉： 嬉戏：	生气： 高兴：

2. 讨论交流，丰富记录单

学生在自主观察、自主记录完成以后，在小组内交流自己的所得，小组成员之间在交流的过程中互相补充，逐渐完善自己的学习单，丰富自己的观察、记录的内容。对于难以确定的部分，由组长进行记录，在全班进行交流、讨论，在教师的引领下，学生确定自己的写作内容。

（五）自主习作构思

这一环节主要是课后完成，正如苏霍姆林斯基所言："观察是智慧的最重要的能源"，学生在观察了生活、观察了社会、观察了大自然、观察了周围的人们，获得了直接的生活体验、情感体验之后，运用阅读后获取的语言样式、篇章逻辑等方法，尝试着构思自己的习作，对自己记忆中的生活体验进行语言加工。此时的习作，是基于学生自主观察和材料收集后的表达，是学生走过了阅读与观察后的个性化表达。这样主体为了表达的需要开始自觉地把"读—行—写"有意识地关联起来，形成了个体习作的第一个过程。

三、"实践体验"过程性习作课的策略

(一)实践体验，激发兴趣

为了使学生能够对习作充满兴趣，并能够在习作道路上走的扎实，教师在进行习作教学的过程中首要完成的任务就是培养学生的观察、体验的能力。只有具备了细致观察、深入体验的能力以后，学生才能够丰富自身的习作内容，并避免写作内容出现假大空的现象。小学生生活经验缺乏，但是对世界充满好奇心。习作教学要充分保护学生的想象力和好奇心，进一步激发学生探寻世界的兴趣，引导他们从生活中学习知识，并且运用课堂上学习到的习作技巧，将生活中的见闻记录下来。在课堂上，教师可以采用口语交流方式，让学生将生活中的所见所闻与同学们互相交流。口语交流的过程，就是促使学生融入生活并将生活化内容形成口语表达的过程，也是引导学生在实际生活中探索灵感的过程。体验生活激发兴趣，利用生活中对事物的观察，积极引导并提升学生对事物的兴趣度，唤起学生对事物的习作意识，进而促进学生的写作能力，为学生的书面表达、习作等能力的提升奠定坚实的基础。

(二)积累素材，丰富内涵

在生活实践中指导学生积累作文材料。积累的材料应该是广泛的，多种多样的，特别是能做到有意识的积累。有意识的积累就是在日常生活中注意观察，把有关的材料记录下来。这要求学生在活动中用脑、用心进行积累、记录，同时养成思考的习惯。

家庭是小学生主要的生活环境，父母是学生的第一任教师。家庭生活中到处都是习作素材，家长要善于观察和利用身边的环境，引导学生在家庭生活中积累素材，提升学生对素材的分辨及认知能力，家庭生活中的素材积累已成为小学生语文习作教学的主要内容。

教师应鼓励学生积极参与学校活动和社会活动，拓宽视野、增强社会实践能力、丰富生活体验、增加情感积累。如引导学生参与春游、参观博物馆、文化馆等学校组织的活动，使其增长见识、积累素材，体会活动中与同学、老师在校外互动的感受，丰富情感；积极参与社区、社会化机构组织的社会活动，如"走进敬老院""小小志愿者""植树节"等活动，增强融入社会能力，拓宽视野，积累更多的习作素材。

附："插上想象的翅膀"过程性习作教学设计

导语：今天我们要放飞自己的想象，设计一种新型玻璃。

一、明确观察对象，明确观察目的

回顾课文内容：

1. 现在让我们一同回顾一下《新型玻璃》这篇课文。你对课文内容有哪些了解呢？

2. 交流：课文是从玻璃的名称、功能特点、用途三方面进行介绍的。

二、制定观察表

(一)整合内容，创新思考

1. 教师启发：抛出问题"吸热吃音玻璃"，引导学生思考。

2. 整合课文内容，创造一种新的玻璃，并起好名字。

(二)综合运用，制定表格

只有一个名称还不够，请你根据上面的学习，设计一个新型玻璃的表格。

三、观察体验并记录

(一)自主观察，填写表格

(二)讨论交流，丰富表格

1. 小组内交流填写好的实践任务单。

2. 发现问题：

预设1：内容适合，但表达不清楚。

①想要会想象，我们要在课文中取经，再来看看这几种玻璃。请你用上关联词，把它们的关系说清楚。

②转换角色，尝试表达：请化身为自己设计的玻璃，并在组内进行自我介绍。

预设2：内容不够具体，说服力不强。

①小组讨论：说明文如何才能更有说服力？预设：运用举例子的说明方法。

②丰富记录单，并进行填写。

3. 学生汇报交流：指名自述，生生互评。

(三)小结

新型玻璃们，正是因为你们运用了自己的新功能，满足了我们生活中的需要，为我们创造了新生活，谢谢你们。

四、自主习作构思

课下，我们就要像科学家一样，运用我们的创新思维，动笔写一写我们自己设计的新型玻璃。下节课，我们一起来交流。

第三节 "读写关联"过程性习作课

在过程性小学语文习作课程中，阅读与习作是相互关联的，不仅在习作之前要通过阅读学习方法、积累语言，在习作过程中还要带着问题、困惑再去进行阅读，甚至在习作之后再通过阅读去反思自己的作文，阅读是功能性与任务性的，只有学生亲自经历习作过程才会更加理解经典阅读文本的经典之处，才能有目的地学习阅读文本中的方法与表达。而阅读与习作关联的桥梁是经验，经验与阅读文本中内容要相互契合，同时经验是习作内容的素材。在本节中，我们主要对"读写关联"过程性习作课的内涵、基本结构与策略进行了描述。

一、"读写关联"过程性习作课的内涵

"读写关联"过程性习作课是一种以学生初步预写为主、在学生经验基础上，关联阅读与习作、进行过程性学习与方法指导的语文习作课程类型。在"读写关联"过程性习作课中，学生习作之前先感知、分析相关阅读文本，学习其文体特点、主题、构思、表达等，同时，在初步习作关键环节还要多次反思与回顾之前的阅读文本，达到习作过程与阅读文本多次关联，学生在与文本互动中领悟习作方法与要点，同时，反复联系自身生活经验，实现经验、阅读、习作过程的一体化。

二、"读写关联"过程性习作课的基本结构

(一)回忆经验

"读写关联"过程性习作课是建立阅读与写作联系的习作教学，目的是让阅读促进写作，促使学生从阅读中获得主题、构思、表达等方面的启发，但这种启发不是单纯写作技巧的模仿与训练，而是主体经验基础

上的表达，仍是以描述主体的经历、情感、认识等为主，经验仍是学生习作的源泉与归宿。因而，"读写关联"过程性习作课仍是以回忆学生自身经验为起点，"回忆经验"具体包括如下四个方面。

1. 引入主题

课堂伊始，教师首先引导学生进入今天的习作教学主题，引入主题的方式可以有多种，如创设习作主题相关情境、与学生谈话聊天、回顾之前的学习内容、导入之前布置的习作相关任务等，尽量营造轻松愉悦的气氛，促使学生将注意力从课间活动转入课堂教学，注意当堂所要学习的主题内容。

2. 阅读"手册"

学生明确习作主题内容后，学生拿出自己的"过程性习作手册"（后面简称为"手册"），"手册"内容是课前教师布置的有关本次习作主题的相关内容描述，其中实践性内容的布置主要是按照主题内容促使学生实践经验的获取和积累，如果没有相应主题的实践或实践不足，学生可在一段时间内去经历和体会，为习作积累素材，将实践经历描述到"手册"上。描述形式多样，可以是词语、句子，还可以是图画，总之是与主题相关内容的细节描述，选用词句可以是概括性的，但所反映的内容应是具体的、细节性的。例如，在"乡村生活"习作课中，教师要求学生在"手册"上写出或画出自己见过的乡下人家的图景，课堂上进行展示，如阅读、回忆或交流等。

再如，学生在交流"走进春天"这个主题之前，课前按照"手册"中的表格进行相关的记录和描写（见表 4-8）。

表 4-8 "走进春天"记录单

春天的_____			
颜色			
活动			
变化			
在春天，我看见了……	在春天，我听见了……	在春天，我尝到了……	在春天，我感觉到了……

在明确主题之后，学生针对观察记录实践，组织语言，准备小组内交流。

3. 联想回忆

在学生阅读"手册"过程中，教师引导学生根据自己所描述内容进行联想与回忆，回顾一下当时自己为什么这么写或这么画？再回想一下"手册"上所描述内容的场景、经历，看看还有没有可以丰富或拓展的内容？如果有，稍做完善，然后在头脑中厘清思路，想一想自己接下来怎样与他人交流。

4. 交流经验

在阅读或观察"手册"有关主题内容描述的基础上，学生在小组内或向全班同学展示自己的经验、体会和想法，或根据自己所写或所画展开描述，促使大家了解更多的与主题相关的经验与想法。例如，在"乡村生活"习作课中，教师请几位同学跟大家交流自己所写或所画的是在哪里的事件或场景，具体描写的是什么，在本次习作中你想写什么。通过交流，教师发现学生的经验、经历，并发现学生在习作素材与写作内容方面的问题，为接下来的指导打下基础。

(二)联系阅读

通过上述阅读或观察"手册"以及回顾、描述自己的经验，唤醒学生的实践记忆，回忆自己当时的所见所闻、所思所想，学生有了写作的基本素材。那么，如何建构习作结构、组织语言将鲜活的经验素材转化成生动可感的文字呢？这就需要学生学习与本次习作主题、内容、结构、语言等有共通之处的名家名篇，也就是需要学生联系阅读去学习习作的方法，并对自己所描述的内容、思路等进行修改。

1. 阅读分析

教师要求学生阅读与本次习作有共通之处的经典文本，这些阅读材料可以是呈现在"手册"上的文本，也可以是学生之前在语文教材中学习过的文本，还可以是教师事先准备好现场发给学生的文本。学生可以边阅读边思考，抓住文本的关键内容，大体弄清楚文本的结构、表达方式等，例如，在"乡村生活"习作课上，教师让学生拿出教材快速浏览之前学过的《乡下人家》一文，回顾其主题、结构与语言表达形式。

2. 寻找联结点

在阅读文本过程中，除基本的文本内容理解与形式分析外，最重要的是找到该文本与本次习作主题内容的联结点。以本次习作主题内容为基础，看看阅读文本有哪些方面能给予自己的习作以启发，发现自己的内容、思路等方面与阅读文本的契合之处，或者从对阅读文本的分析中发现自己习作内容、思路等方面的问题。总之，对照阅读文本，可以思考自己习作内容、构思是否恰当，思考需要改进的地方或接下来预写的思路等。

3. 对话交流

在阅读分析、寻找联结点的基础上，全班同学进行交流，说一说本次习作主题内容与阅读文本有哪些共通之处。有哪些地方我们可以借鉴。对照阅读文本，分析一下自己所构思或描述的习作在主题内容、构思等方面有哪些问题，如何在阅读文本的启发下去改进自己的习作内容和构思。在此过程中，教师的指导也至关重要。例如，在"乡村生活"习作教学中，师生、生生之间进行了如下交流：

①课本上的《乡下人家》主要写了什么内容？

②围绕习作中"乡村生活"这一主题，学生自己描述有关在乡下钓鱼、摘黄瓜等活动与课本上的《乡下人家》所写内容有何联系？

③我们需要学习《乡下人家》的哪些内容或写法？

④在对照与分析课本上的《乡下人家》之后，你觉得该如何修改自己的习作内容与思路？

学生已经深入分析过《乡下人家》一课，很快说出里面写了几幅图景：瓜藤攀檐图、鲜花轮绽图、雨后春笋图、鸡鸭觅食图、院落晚餐图、月夜睡梦图。那么，学生之前自己在"手册"上和交流中描述的乡下钓鱼、摘黄瓜等事件与课本上的《乡下人家》有何关联？首先，两者主题相同，都是写有关乡村的内容；其次，两者侧重点略有不同，"乡村生活"偏重于活动、动态性的内容，而《乡下人家》既有活动也有风景，既有动态也有静态。我们是不是可以学习课本上《乡下人家》的写法呢？乡村题材的内容有共通之处，写法上也可以关联起来。学生在"手册"上对于自己实践的描述有钓鱼、放风筝、扑蝴蝶、摘黄瓜、拔草、喂小兔、喂鸡等活动，但分析发现，都是作为事件在进行描述，描述了事件起因、经过、结果等，而不是一个个乡村生活的图景，由《乡下人家》的写法我们获得启发："乡村生活"应该描绘的是一幅幅乡村生活图景，这些图景不是某一件具体的事情，而是一些事情或活动共同组成的生活图景。"乡村生活"是生活图景，是一组或几组活动，而非某一个具体的事件。

在对话交流中，学生对照阅读文本，反思自己的习作主题内容及构思、写法等，从阅读文本中获得启发，思考并弄明白自己习作中的关键问题，而后进行修改。

(三)交流预写

在比较阅读经典作品基础上，学生反思自己习作中的问题，通过思考与交流，明确自己习作的方向与关键点，反复进行思考与修改，然后进行初步预写，并将预写结果进行交流讨论，从中学习方法、训练思维、锤炼语言等，根据所学习到的知识与方法，课下再自行修改。

1. 修改"手册"

在之前对话交流的基础上，学生自行修改"手册"上本次习作的主题、构思、表达等，一般课前学生自行写在"手册"上的内容都比较简单，这时的修改可以是全部更改，也可以是局部调整。例如，在"乡村生活"习作课中，有的学生换掉之前事件起因、经过和结果的写作思路，有的学生在原有一两个活动基础上又补充了一些活动，最终形成由一个个活动或一个个事件构成的一组或几组生活画面。

2. 再次交流

在学生略做修改后，小组或全班同学再次交流，将调整后的内容、思路等跟大家交流，其他学生认真倾听，发现其优点以及问题，而后提出自己的见解。倾听及交流之后，教师再根据实际情况给予指导。例如，在"乡村生活"习作课中，有学生提到放风筝、吃大餐等活动，其他同学提出质疑：这些活动在城市生活中也同样是有的，是不是不能凸显乡下生活的特点？大家讨论后明确：放风筝、吃大餐这样的活动可以有，但是要写出乡下放风筝、吃大餐的特点，如在广阔的原野中放风筝，没有什么障碍物，吃大餐吃的是农家的特色饭等。

3. 阅读交流

一般来说，学生修改过的习作内容还是会有这样或那样的问题，学生对于所阅读文本的理解还是会有不到位的地方，这时候，教师便应指导学生再次阅读文本，对照文本内容，再次发现自己习作内容、构思等方面的问题。然后再次交流阅读中的发现，分析自己习作的问题，在此过程中，教师应给予引导和适当的提示，让学生逐渐明确关键问题，明确初步预写的重点。例如，"乡村生活"习作课，学生在修改后仍然存在一些问题：很多学生习作基调不明确、主题不突出，不能围绕核心主题选择素材、组织素材。这时，教师引导学生再读《乡下人家》的文本，发现《乡下人家》是一幅幅自然质朴、亲切祥和的农家画面，展现了自然和谐、充满诗意的乡村生活。在分析《乡下人家》文本基础上，教师引导学生逐渐明白，习作需要有一个总的基调，有一个突出的主题，围绕一个主题组织内容，之后教师让学生用一个词概括对于乡村生活的感受，学生纷纷给出了相应的词语，如"趣""爽""忙碌"等，之后围绕核心词语进行选材与组织内容。同时，教师还抓住契机启发学生习作的文体——散文，以及散文"形散而神不散"的特点，一件件事或一个个活动看似零散，实则都围绕核心主题进行描述。

4. 初步预写

在充分阅读与交流基础上，学生更加明确了习作的方向，再次修改自己习作思路、表达等，在此基础上，进行初步预写，预写内容视本次课习作重点而定，有的初步预写是一个关于本次习作的思路框架，有的初步预写是一段连续动作、一处风景或一次活动场面的描写，由于习作课上时间有限，教师很少将整篇作文作为本次"读写关联"过程性习作课的任务。例如，在"乡村生活"习作课上，教师让学生画一个自己习作的思维导图，内容包括：主题核心词、概括系列活动、写出描写活动的系列关键动词。例如，有学生围绕"趣"这个乡村生活的核心词，写了钓鱼、扑蝴蝶、捉蚂蚱等活动，又对每项活动写出了几个关键动词。

5. 交流修改

学生预写完成后，对学生预写内容以组为单位进行全班交流，学生对照自己预写内容向全班同学进行讲解，讲解自己的思路、方法等，其他同学给予点评，或肯定，或质疑，或建议，教师也参与互动交流，在此过程中给予一些关键性指导。例如，在"乡村生活"习作课上，学生交流预写的习作思路导图，发现有的学生逻辑方面有问题，同一级内容不在同一个层面上，或者有些活动不是核心主题所包含的内容；有的学生用词不当，表达不够准确、生动。修改之后，学生或者替换了所写的内容，换上了符合主题的内容，比如说学生不再写在乡村住了当地现代化的宾馆，改写住在农家乐里面，感受原汁原味的乡村住宅。或者从"吃、住、行"这三个方面进行修改，使文章的层次清晰。

三、"读写关联"过程性习作课的策略

(一)确定课堂习作关键点

每次"读写关联"过程性习作课都要确定课堂习作训练的关键点。依据习作关键点去安排前期的生活体验，以及课堂上的阅读文本，从阅读文本中分析出习作关键训练点及相应的方法，然后学生修改对于自己生活体验的描述，在初步预写与不断修改中，逐渐体会本次课堂上教师着力训练的关键方法。例如，在"乡村生活"习作课上，教师重点让学生学习的是散文的写法，体会散文的总体基调、核心主题以及"形散而神不散"的特点。

(二)读与写之间反复联结

在"读写关联"过程性习作课上，阅读与写作要反复进行联结。如果只是阅读，学生没有写作的切身体会，是不知道具体怎么应用的。只有带着自己习作的任务以及出现的问题、困难去阅读，学生的阅读才会更加有效，而阅读后的修改则会对所阅读文本中的方法体会得更加深刻，而反复的文本阅读则会明确关键点、查漏补缺，对习作再进行修改则更能在"做中学"中更好感悟和体会。总之，学生为了习作进行阅读，带着习作中的问题进行阅读分析，在不断的反思中逐渐修改完善自己的习作。

(三)基于问题的讨论交流

"读写关联"过程性习作课重在习作过程中的学习、反思与不断修正，是一种基于学生习作状态及问题的真实的习作教学过程。去除条条框框的要求，先让学生基于自身经历、体验、情感等自由去写，然后对照经典阅读文本分析自身习作内容、方法、思维等方面的问题，对这些问题进行诊断和改正，在不断思考、调整、修改自己习作主题、思路、表达等的过程中获得知识、能力等方面的发展。"读写关联"过程性习作课是一种学生"做中学""做中体验"的思路和方法，让学生在比较与分析的过程中发现自己的问题，再对问题进行不断分析明确，然后进行修改和完善。在此过程中，教师一定要引导学生找准其存在的关键的共性问题，然后一起去分析和解决问题，在问题解决过程中重构学生的思维、能力与经验。

附:"乡村生活"过程性习作教学设计

一、回忆经验,交流经历

(一)引入主题

上节课我们已经将自己回忆中的乡村图景用不同的方式体现在了"手册"上,这节课我们将走进自己脑海中的田园生活。

(二)组内交流

二、联系阅读,修改"手册"

通过刚刚的交流,你发现大家所写的内容有什么问题?

预设:所选事件不够典型。

(一)阅读分析

如何改变这一问题?翻开书阅读《乡下人家》这篇课文。

(二)寻找联结点

比较课文与学生习作的在内容上的异同。

预设 1:两者写的都是乡村。

预设 2:《乡下人家》写了六幅图景。同学们写了乡下钓鱼、摘黄瓜等事件。

(1)同学们写的《乡下生活》中的事件与书中图景有什么不同?前者偏重活动,是动态的内容,后者既有活动也有风景,既有动态也有静态。

(2)引导感悟《乡下人家》的写法:写一组或几组活动,而非某个具体的事件。

三、交流预写习作的思维导图

(一)修改"手册"上的相关内容

(二)全班交流,发现新问题

预设 1:所选的事件并不能体现"乡村"独有的特色。

如何才能将"放风筝""吃大餐"这样的事件改成有乡村特色的事件?

预设 2:不能围绕核心主题选择素材、组织素材。

①阅读《乡下人家》,用一个词概括对于乡村生活的感受。

②围绕着中心词再次选择与组织材料,修改"手册"相关内容。

(三)交流预写:画一个自己习作的思维导图

(四)交流修改思维导图

四、总结提升，布置作业

本节课我们深入阅读了《乡下人家》，发现了其中习作的秘密，完善了自己的选材，为接下来的习作奠定了基础。

布置作业：根据思维导图完成"乡村生活"的习作预写。

第四节 "跨界转化"过程性习作课

在过程性小学语文习作课程中，经验是习作的源泉，经验可以是学生自己亲身观察、经历的生活实践与社会实践，也可以是学生通过观看视频等感官活动获得的体验与感受。在本节中，我们主要探讨是学生通过观看影视片段、生活随拍的微视频等获得直观感受与体验，然后将其作为一种经验来源融入过程性习作课程之中的一种课程类型，我们称之为"跨界转化"过程性习作课。

一、"跨界转化"过程性习作课的内涵

"跨界转化"过程性习作课是在习作课堂上，学生通过观看视频而获得习作素材、习作技巧等的习作课。所谓"跨界"，跨的是"视频"与"习作"二界，具体来说，是将影视片段、生活随拍的微视频等引入习作课，通过播放、观察与习作结合等方式指导学生习作，这一习作方式能再现生活场景、激活习作思维、诱发习作欲望、拓宽习作素材、迁移写作技巧。

二、"跨界转化"过程性习作课的基本结构

(一)进入新课，明确主题

好的导入，精练而能够激发学生学习兴趣。"跨界转化"过程性习作课上，教师通过微视频引入新课，明确习作的主题或者习作片段训练点。比如，在三年级"写好动作"的习作课上，教师在导入环节播放小鹛的图片，毛茸茸、圆滚滚的小鹛一下子就吸引了孩子们的注意力，他们纷纷猜测它会有怎样的故事，激发了学生学习的热情。再如人教版六年级下册第二单元，由《北京的春节》《藏戏》《各具特色的民居》这几篇文章

构成，本单元的习作主题是"民风民俗"。由于在生活中学生很少关注到这一点，所以在"跨界转化"过程性习作课上，教师这样导入：

> 在这一单元的学习中我们走遍了祖国的大江南北，领略了多姿多彩的民俗风情。我们班的同学家乡不同，在课前，老师做了个小调查："你知道你们家乡的风俗习惯吗?"(演示文稿出示调查表和调查结果)大部分同学对这项内容并不了解。所以，这节课让我们一同在这里，领略老北京的民俗民情。

(二)初看视频，确定重点

1. 观看完整的视频

"跨界转化"过程性习作课最重要的环节就是学生通过观看视频学习、体会、获得体验与经验。首次观看完整视频，学生了解视频的主人公、事件内容，形成初步的印象与感受。比如三年级上册的"那次玩的真高兴"习作课，教师播放学生拍摄的"蹦床工厂"视频，学生通过观看视频，了解人物的主要行为是"蹦"与"跳"，感受到主人公跳蹦床的快乐。

2. 确定观看的重点

在观看了完整的视频之后，结合导入部分，教师进行引导，学生发现本节课的习作训练重点，确定下一步观看的重点，为习作做铺垫。比如观看完"蹦床工厂"这一视频后，学生通过教师引导明确接下来要关注的是人物的动作。

(三)细看视频，丰富已知

1. 再次观看视频

带着目的第二次观看视频，教师可以采取暂停、重播、快进等方式提高课堂效率，达到教学目标：通过暂停，让学生关注细节，使表达与习作言之有物；通过重播，让学生关注重点，把握情感，使表达与习作有感情；通过快进或者跳播，突出训练重点，节约时间，让学生掌握好详略，使表达与习作结构合理。

比如，四年级上册的一次习作内容为"撰写导游词"，教师在"跨界转化"过程性习作课上播放故宫的导游词，让学生通过观看这一视频了解导游词的构成，如景物的概述包括地点—历史—重点介绍—故事传说—世界地位（人民评价），并按照学习到的顺序进行导游词的拟写。又如，五年级下册"写身边的人物"习作课，教师播放"足球比赛"的视频，利用慢放把如何断球、带球过人、突破防守的过程清楚地再现在学生眼前；再通过定格，将视频暂停在球员瞄准射门的一瞬间，体现这个球员敢抢敢拼、技术精湛这一特点。

再如，在写好波折专题训练中，教师播放《麦洛与奥帝斯历险记》的视频片段，然后在麦洛往上爬、奥帝斯用绳子拉麦洛、麦洛马上要被拉上来三处暂停，让学生通过观察猜测麦洛是否被救。让学生在不断地猜测与印证的过程中，体会一波三折的写作方法的好处，始终保持着学习兴趣。

从以上的例子可以看出，"跨界转化"过程性习作课不仅可以丰富学生的习作素材，还可以体现习作的技巧。当然也可以将视频与生活结合，激活学生的想象，还可以将视频与文章的相互关联与印证，品味文字的魅力，学习作家言有尽意无穷的写法。

2. 记录观看内容

根据刚刚所观看的内容，学生将本次习作所需要的重点内容记录下来。比如"写身边的人"的习作训练，学生将球员的神态、重点的动作记录下来，再将观众与啦啦队员的神态与语言记录下来，作为接下来预写的重要素材。

这样的记录过程有别于单纯的摘抄，它是一种有目的、有意识的感性认知活动，因为学生的记录是按照一定顺序、一定要求进行的，甚至已经有了对信息重新加工整理的过程，这一过程提高了学生思维的逻辑性与严谨性。

3. 交流讨论，修改完善

学生根据自己记录的内容在小组里进行交流，丰富已知素材。在倾听中学生了解其他人的意见和想法；在讨论中，学生将自己的想法说出来和大家一起分析，如果有不同意见还可进行辩论。这样每个人的所记录的素材就会更加科学合理，也会更加丰富。

4. 教师启发与引导

在全班的交流中教师针对其中关键的部分进行有目的地指导。比如四年级上册"成长的故事"的习作课，在观看了"我学会了做西红柿炒鸡蛋"这个视频之后，学生记录下关键的动作并加以交流。教师引导：

大家都注意到了"我"的动作，但是一些细节最能体现"我"的成长变化的细节你们没有注意到，让我们再看一看（再次播放视频，在主人公将西红柿倒入锅后马上退开的时候暂停播放）。

师：请××来说说你当时是怎么做的？

生：我退了一步。因为西红柿一倒进锅里就滋滋地响，还有油溅了出来，我害怕溅到我身上。

师：其他同学在做菜的时候有没有像他这种情况？你们在做菜时还遇到了什么麻烦呢？

生1：我不知道盐什么时候放。

生2：我不知道应该用大火还是小火。

师：同学们，你们发现没有？当你们在遇到困难时，心里就会产生很多的想法。如果你能把这些想法也记录下来，就能体现你的成长变化，你的习作就会更加具体、丰满。

学生在明确了自己的问题之后再进行修改，记录更加丰盈。

5. 初步预写，交流修改

接着，学生根据自己的记录对片段进行初步的预写，再现视频的情节与内容。然后在小组内对预写片段进行交流，最后修改其中不够完善的细节。如某些学生出现了这样的问题：在书写毛毛虫挣脱茧的时候仅仅是几个动词的罗列：

那只毛毛虫头向前拱，先是触角伸了出来，然后是两只小"手"拔着茧的边缘，最后一使劲儿，屁股就出来了。

通过交流，大家发现有些同学加上了一些形容词、拟声词，还是用了比喻或者拟人的修辞，这样就使得句子更加生动了，所以上面的习作片段就改成了：

那只毛毛虫的头用力向前拱着，一双细细的触角探出茧来微微地颤抖，好像两只小天线在探查着四周的环境，接着两只小"手"拔住茧的边缘往下一使劲儿，"噗"的一声，一个白白胖胖的毛毛虫就腾空出世了。

(四)头脑风暴，关照现实

作为一种新的习作教学方法，身为教师不仅要充当视频播放中的引导者，还要做好"导演"的身份。视频能够给学生以启发，那么何不让视频走进生活，安排学生录制自己的视频。教师可以安排一些叙事文的写作，比如关于母爱的题材，习作后由教师统一讲解，选择其中的优秀作品，让学生根据自己的故事改编剧本，组织学生编排、录制小视频，内容上可以是仿照央视公益广告"给妈妈洗脚"这一类型来进行。采用这样的方式，能够让学生获得自我满足感，让学生对于习作更有动力。学生通过故事改剧本的过程，一方面，可以学习表达手法、语言技巧，学以致用；另一方面，也是将劳动教育、品德教育融入了日常教学过程，在完成教学目标的同时提升了学生的素质。

三、"跨界转化"过程性习作课的策略

(一)再现可视化、有趣味的情境

优秀的视频常常能触动观者的思考和想象，激发其写作的兴趣。视频的题材丰富，可以让学生做到足不出户，遍览天下。这为生活方面积累有限的学生提供了用之不竭的素材库，可以帮助学生丰富写作题材、积累写作素材、丰富语汇、拓宽视野、活跃写作思维。视频语言生动，它与画面情节同步，使观者轻松地理解词义和词语的感情色彩，在潜移默化中学习歇后语、双关语等表达技巧。充分利用视频资源，既突破了时空的局限，又开发了学生的思维，能充分弥补学生感受和观察上的不足。

"跨界转化"使教师和学生处在积极的相互作用与相互影响的情景中，促使学生开阔思路、积极思考。学生可以冲破书本知识禁锢，领略广阔的知识时空，体验知识形成的过程，感受成功学习的快乐。

(二)运用多种思维策略

视频中的故事往往意境深远，情节背后蕴藏着丰富的元素，也彰显出独到而突出的人物特点。在观看的过程中教师引领学生进行大胆的想象和猜测，对故事内容理解的同时，也培养了学生的想象力与推测能力，这些也是习作需要的能力。

当自我所掌握的知识、经验等与外界刺激相符合时，心中就会产生十分真切的体验，谓之感同身受。在视频的播放中，学生不知不觉地将

自己带入其中，共情的同时产生更深刻的情感体验。在教学中，学生将自己代入角色中，从主人公的角度出发，感受主人公经历的悲欢离合，与主人公同呼吸、共命运，进行了深刻的体验。这样的体验既可以直接用于自己的习作当中作为素材，也可以进一步的联结生活，引发思考。

想象是人们对头脑记忆表象进行加工改造而建立新形象的心理过程。在习作教学中运用多媒体画面展示，能启发想象，有利于思维的创新。同时这样对比与想象还在视频图像与现实生活中搭建了桥梁，在对比中学生实现对生活的发现与思考。

附："写好动作"过程性习作教学设计

一、进入新课，明确主题

同学们喜欢看动画片吗？动画片不仅让我们快乐，其中还有许多写作的小妙招呢。今天我们就来看动画，学写动作。

二、观看动画，确定重点

(一)观看动画

这段动画的主人公是谁？发生什么事了？你有什么感受？

(二)找出动词

1.读文字：有的同学将这段动画片写成了一段话，我们来读一读。

2.对比画面和语言：

(1)请圈画出习作单中预写段落中的动词。

(2)在这些句子中哪一个最让你感觉有画面感？为什么？

(3)动画和文字你更喜欢哪一个？

三、细看视频，丰富已知

过渡：无论喜欢哪种形式都是因为小鹬的动作很流畅，也就是有连续的动作。

(一)回放动画，梳理动词

1.播放动画，同学们看到一个动作及时喊停。

2.请一个学生在黑板上记录同学们所看到的动词。

3.对比发现：通过大家的仔细观察，小鹬的动作可以从四个达到十几个。

4.小结：我们要细致观察。

（二）运用技巧，一次修改

自主在学习单上修改片段，尽可能多地用上黑板上的动词。

（三）交流点评，发现问题

预设 1：同学们写出了连续的动作，但发现动词与动词之间连接不够自然。

再次观看动画，发现动作之间的关联。

预设 2：发现写的不够生动。

①引导学生回忆观看动画后的感受：小鹬十分可爱。

②围绕"可爱"进行细节描写。

（四）二次修改

请你再次修改，让这段文字更加生动，使小鹬的形象在你的笔下更加可爱。

四、头脑风暴，观照现实

拿起手机拍摄一小段视频，让大家了解一下你发现的关于小动物的有趣的动作。

第五节 "自主修改"过程性习作课

过程性小学语文习作课强调学生习作的过程，在过程中获得经验与方法，因而特别重视学生在习作过程中反复修改的过程。在反复修改中，学生自我阅读与反思，师生、生生之间交流对话、互相提高，学生再次阅读经典文本进行学习与反思，多次反复自我修改与互相评改，在如此反复的过程中，学生从中体会与感悟过程与方法，不断积累习作与修改经验，不断重构自我的习作经验与模式，提高习作能力与水平。为了凸显反复修改的重要性，我们也将其作为一种课型加以实施，在本节中，我们主要对"自主修改"过程性习作课的内涵、基本结构与策略进行了阐述。

一、"自主修改"过程性习作课的内涵

"自主修改"过程性习作课是学生通过小组交流与比较，对自己习作内容进行自主修改与重新建构的习作课程。学生从修改错别字与不通顺

的语句，到组内交流彼此习作内容，初步修改细节，最后与名家名篇进行对比，发现名家写作技巧尝试运用修改，在这个过程中，学生应用所学知识解决了实际问题，锻炼了习作修改能力，改进了自己习作的品质，在无形之中提升了习作能力。

从写作理论角度说，"自主修改"是小学生对自己作文文本的重新建构过程，在这个过程中，经过第二次思维的加工，学生不断完善自己的作品，使其在质量上有质的飞越。

二、"自主修改"过程性习作课的基本结构

(一)根据标准，自改全篇习作

1. 回顾主题

上课伊始，学生要在教师的带领下，回顾本次习作的主题，了解这是一次围绕主题的习作修改活动。

2. 回忆标准

学生在教师的引导下回忆本次习作的要求，根据要求，教师给出"自主修改习作"的普遍标准(见表4-9)。

表 4-9 习作评价标准

主题明确	内容具体	语言运用	书写规范	备注
有明确的主题	结构完整，叙述清楚	语句通顺，无病句	正确使用汉字书写，无错别字	
能够围绕主题书写	能够分段表述，过渡自然，条理清晰	恰当运用学过的方法进行描述	规范使用标点符号，行款正确	
题目恰当	内容表述重点突出，详略得当	抒发真情实感	卷面整洁，无涂抹乱画现象	

3. 自主修改

学生根据评价标准，自主修改自己的习作。

(二)小组讨论，互改重点段落

1. 组内交流

学生将第一次修改后的习作进行组内交流，在小组合作任务单上记

录组内成员习作的优点(如运用的描写方法、修辞和精彩词句等)。

2. 汇总方法

小组讨论,汇总组内成员本次习作的优点,在任务单上进行补充记录。

3. 修改重点段

学生根据任务单上的记录,有针对性地修改重点段落。以人教版三年级上册第三单元为例:本单元的教学内容是童话,学习本组课文,学生走进奇妙的童话世界,了解了童话的内容、品味了童话的语言、体会了童话的特点。本单元的习作安排学生学写童话故事。习作过程中,在安排学生预写及第一次修改作文后,我们又做了如下设计:

(1)小组合作,头脑风暴

①同学们都写了自己构思的童话,请大家在小组内分享,然后说一说彼此的优点,提出不足和建议,在任务单上做记录。

②你喜欢小伙伴讲的故事吗?你能为小伙伴增添点有趣的情节或生动的描写吗?欢迎你支个"小妙招",并写在任务单上。

组内记录　　　　　　　　我的补充

动作描写:_____　_____

　　　　　_____　_____

语言描写:_____　_____

　　　　　_____　_____

神态描写:_____　_____

　　　　　_____　_____

心理描写:_____　_____

_____　　_____

方法或词汇：_____

_____

（2）根据记录，完成修改

随着情节的发展，你的童话故事中的人物会说些什么，做些什么？结合小组同学讲的故事，帮你的童话故事做一次补充修改吧！

（三）引入名篇，再改细节描写

1. 阅读名篇段落

根据不同主题，教师适时引入名家名篇（片段），引导学生再次进行阅读学习。

2. 交流赏析

学生在充分阅读的基础上，再次进行头脑风暴，对名家的文章（尤其细节描写处）进行品评，从中汲取写作营养。

3. 再改细节

学生在阅读赏析的基础上，针对细节描写，综合教材里学到的知识和技能，参照名家名篇，修改完善自己的习作，进一步提升自己的习作质量。

以人教版六年级上册第一组习作为例：六年级上册第一组习作主题是有声有色、有情有义的大自然。在本单元的习作教学中，教师除了带领学生投入大自然的怀抱，在《山中访友》和《索溪峪的"野"》中，领略大自然的风姿，在《山雨》中，倾听大自然的声音，在《草虫的村落》里与大自然互诉心声；还有意识地拓展了阅读资料，为学生展示了名家写景融情的片段，例如：

片段一：

春风带了新绿来，阳光又抱着树枝接吻，老树的心也温柔了，它抛开了那些讨厌的云儿，也来和自然嬉戏。你看，她有时童心发作，将清风招来密叶里，整天缥缥渺渺地奏出仙乐般的声音。它们拼命使叶儿茂盛，苍翠的颜色，好像一层层的绿波，我们的屋子便完全浸在空翠之中，在树下仰头一望，那一片明净如雨后湖光的秋天，也几乎看不见了，呀！天也让它们涂绿了！绿天深处，我们真个在绿天深处！

——绿漪《绿天》(节选)

片段二：

风已比前尖削，太阳时常蒙着雾一般的头网。淡淡地发着光，灰色的云的流动显得呆滞而沉重。寒冷包满在大气中。野外的草木恐怖地颤抖着，无力拖曳它们翅膀似的，时时抖下萎黄的残缺的叶儿，一天比一天裸露了。远处的山仿佛火灾后的残迹，这里焦了头，那里烂了额。一切都变了色，换上了憔悴而悲哀的容貌。

——鲁彦《呼吸》(节选)

片段三：

这个亭踞在突出的一角的岩石上，上下都空空儿的；仿佛一只苍鹰展着翼翅浮在天宇中一般。三面都是山，像半个环儿拥着；人如在井底了。这是一个秋季的薄阴的天气。微微的云在我们顶上流着；岩面与草丛都从润湿中透出几分油油的绿意。而瀑布也似乎分外的响了。那瀑布从上面冲下，仿佛已被扯成大小的几缕；不复是一幅整齐而平滑的布。岩上有许多棱角；瀑流经过时，作急剧的撞击，便飞花碎玉般乱溅着了。那溅着的水花，晶莹而多芒；远望去，像一朵朵小小的白梅，微雨似的纷纷落着。据说，这就是梅雨潭之所以得名了。但我觉得像杨花，格外确切些。轻风起来时，点点随风飘散，那更是杨花了。——这时偶然有几点送入我们温暖的怀里，便倏的钻了进去，再也寻它不着。

——朱自清《梅雨潭的绿》(节选)

片段四：

泉太好了。泉池差不多见方，三个泉口偏西，北边便是条小溪流向西门去。看那三个大泉，一年四季，昼夜不停，老那么翻滚。你立定呆呆的看三分钟，你便觉出自然的伟大，使你再不敢正眼去看。永远那么纯洁，永远那么活泼，永远那么鲜明，冒，冒，冒，永不疲乏，永不退缩，只是自然有这样的力量！冬天更好，泉上起了一片热气，白而轻软，在深绿的长的水藻上飘荡着，使你不由的想起一种似乎神秘的境界。

池边还有小泉呢：有的像大鱼吐水，极轻快的上来一串水泡；有的像一串明珠，走到中途又歪下去，真像一串珍珠在水里斜放着；有的半天才上来一个水泡，大，扁一点，慢慢的，有姿态的，摇动上来，碎了；看，又来了一个！有的好几串小碎珠一齐挤上来，像一朵攒整齐的珠花，雪白。有的……这比那大泉还更有味。

——老舍《趵突泉的欣赏》（节选）

随后，教师为学生的品读赏析环节做了这样的设计：

（1）阅读片段，品味语言

阅读片段一至四，用"○"标出你认为作者行文中运用得好的字词，用"_____"标出值得你学习的语句。

（2）小组合作，头脑风暴

你觉得这些词句好在哪里？你在自己的习作中能借鉴到哪些？记录在任务单上。

文中精彩词句	我们的赏析
1. _____	_____
_____	_____
2. _____	_____
_____	_____

（3）根据记录，完成修改

学生在完成了任务的同时，对精彩片段也做了赏析，无论是遣词造句的匠心独运，还是融情于景的款款深情，学生都会通过深思后的讨论交流而获得，再次潜心修改自己习作的细节描写，完善自己的作品。

(四)习作分享，总览全文结构

学生完成习作后，可以在组际间进行交流，做最后的补充和修改，同时在任务单(见表 4-10)上记录其他组同学的优点以及自己的学习目标，以供下次习作运用。

表 4-10　学习任务单

	优点	学习目标
一组		
二组		
三组		
四组		
五组		
六组		
七组		
八组		

三、"自主修改"过程性习作课的策略

(一)多次评价让习作修改更加全面

在"自主修改"过程性习作课上，学生对自己和他人的习作进行自评与互评，在比较阅读中进行评价修改，在教师评价中修改，实现了习作的全面修改。

当堂评价：学生参与分析、评价与修改的讨论，其思维始终处于高速运转的活跃状态。

学生互评：学生在轻松和谐的同伴关系中互相评改、集思广益，碰撞出创造的火花。

学生自评：学生根据教师的批改和讲评，自觉进行反思，对自己的作文有清晰的认识，发现习作中潜藏的实际问题，自己指出问题，找到解决问题的思路与方法。

(二)在对比与交流中学习习作技巧

对比有两种主要的方式：第一种是学生之间的习作相互比较，学生从同伴的习作中学习写作技巧，这种学习比较简单也容易被学生接受与习得；第二种是学生将自己的习作与名家名篇进行对比，发现较为清晰而准确的习作技巧。不管哪一种对比都使学生自主发现自己习作的不足，从而达到修改的目的。

附：《我最喜爱的小动物》教学设计

课前，我们观察了自己喜欢的小动物，还完成了一篇习作《我喜爱的小动物》，今天我们就来修改这篇习作。

一、自读习作，发现问题

按照老师给出的习作评价标准自己评价自己的习作，修改不通顺的词句。

二、小组讨论，修改重点段落

1. 组内互评：读一读自己的习作给大家听，写出评价，收集问题和困惑。

2. 学习他人优点，修改重点的段落。

三、再读经典，修改细节

(一)回顾课文，提炼写法

过渡：在小组评价中，你们发现有什么共同的问题吗？

预设：表达不够清晰。

1. 再读经典。

(1)在《白公鹅》的这段文字中，作家是怎样使自己的表达更加清晰的呢？

(2)读课文《母鸡》中的这段文字，你仿佛看到了什么？

2. 这两段文字在写法上有什么相同点？

预设：都运用了一连串的动作描写。

3. 如果你选取的事件适合写小动物的表现，你在习作中可以尝试用上一连串的动作描写吗？自己试着修改一处。

(二)拓展阅读，再次修改

1. 读中学写：阅读《老猫》(片段)。

2. 畅谈发现：你发现季羡林是怎么写的了吗？

预设：写出了人的反应。

3. 口头修改自己的习作。

4. 再次拓展《猎狐》(片段)。

5. 组内交流：写"我"的作用是什么？预设：反衬狐狸的狡猾机灵，默契配合。

你的习作中适合加入小动物与人的互动吗？

6. 三次修改，组内评价。

四、典型举例，收获学法

1. 出示：修改后的习作。

2. 小结学法：选择合适的事情体现动物的特点，可以运用一连串的动作将事情说具体，还可以加入动物与人的互动。

3. 拓展延伸：阅读"手册"中其他文章，结合老师的解析运用在习作中。

4. 修改习作并誊抄，在宣传栏上展览。

第五章　过程性习作课程评价
制定与实施

　　评价是课程中的重要内容与环节，为课程开发与实施提供诊断、监控与反馈。通过理论学习与长期实践探索，我们明确了过程性小学语文习作课程评价的内涵与特点，为教师评价提供方向与思路，同时，我们着力研发了过程性小学语文习作课程评价的基本框架与实施标准，明确了评价的对象、主体、内容与方式等，并对功能化阅读、主题化实践、交流探讨与个性化表达等各个阶段学生的行为表现制定了评价标准，使得学生对自己在各个环节中应如何行动有相向的目标与方向，同时为评价反馈提供依据。在本章中，我们主要对过程性小学语文习作课程评价的内涵与特点、基本框架与实施标准以及案例进行了描述。

第一节　评价的内涵与特点

　　过程性小学语文习作课程注重过程性、自主性、实践性与独特性，这些价值追求成为课程评价的重要依据，在本节中，我们明确了过程性小学语文习作课程评价的内涵与特点，以促使教师更好地理解课程评价的宗旨与基本方向、思路。

一、评价内涵

　　过程性评价的"过程"既体现在评价的实施过程中，也体现在通过评价过程反馈并促进学生发展的过程中。该评价过程是一个反复的、持续不断的过程。评价结果并不是学习的终点，评价是为了更好的学习。
　　本研究中的小学语文习作课程评价指对小学过程性习作课程进行的价值判断，是学校以一定的评价方法、活动途径对该课程目标、课程计划、课程实施以及实施活动的结果等有关问题的价值或者特点做出的判断。

二、评价特点

在小学语文过程性习作课程评价中，每个活动目标的制定都是非常重要的，每个目标都应以促进学生的发展为目的。小学语文过程性评价应当基于《课标》，依据《课标》制定教学目标，并以此为导向通过评价推动课程发展。

过程性小学语文习作课程的评价，从教师的角度来看，更加凸显评价的管理和诊断功能。学校每月定期围绕"过程性小学语文习作课程的有效实施"为专题听课、评课并交流反思。主要针对教师在过程性小学语文习作课程实施中目标确定、课程计划、"手册"编写，以及具体到读中悟写、读写关联、实践体验、交流修改等多个环节进行量表评价和交流讨论，不断地寻找各个环节的优缺点，并不断地依据评价结果调整课程实施的内容和进展。通过学校教学组织部门的反馈意见和建议，甄别课程建设的价值，并在每学期期末进行总结性评价。

该研究中的过程性小学语文习作课程评价，更加关注学生在习作中的过程性学习。该评价包括了对学生的阅读理解能力、实践观察能力、交流讨论能力、语言运用能力等多种能力的评价。在整个课程实施评价中学生可以获得对自己是否"达标"的判断，亦可通过评价得到肯定性的结果从而产生精神的"成就"与"满足"，进而获得习作能力的提高。

第二节　评价的基本框架与标准

通过长期研究探索，我们明确了过程性小学语文习作课程评价的基本框架与实施标准。基本框架是总的指导性的评价规范，是具体实施评价的基础，而实施标准则是过程性小学语文习作课程中具体、可操作的评价细则，为师生评价提供了依据与工具。为了更加具有针对性，我们开发了功能化阅读、主题化实践、讨论交流和个性化表达四个阶段的过程性评价工具，每项评价各有侧重、标准明确，共同构成了过程性小学语文习作课程评价的完整实施标准。

一、基本框架

过程性小学语文习作课程评价主要从对谁评价、谁来评价、评价什么和如何评价，即评价对象、评价主体、评价内容、评价方法几个层面进行整体建构（见表5-1）。

表 5-1 过程性习作课程评价的基本框架

评价对象	评价主体	评价内容	评价方法
教师	教研组 同伴 自我	主题的确定 活动方案 课型把握及组织实施	交流评价 量表评价 反思记录
学生	学生 教师 家长	阅读能力 实践观察力 交流讨论力 语言运用能力	实践手册 量表评价 交流评价

（一）评价对象

过程性小学语文习作课程的评价主要针对的是教师的教和学生的学。习作课程评价在推动"小学语文过程性习作"中起到评估、诊断和调控的作用。对于教师而言，过程性习作评价与课程目标相结合，教师依据评价标准可以很清楚地选择习作课程所用的组织策略。教师有意识地运用评估促进教学——当看到学生阅读、习作的不足，会通过评价来指导，并及时调整方案、增补阅读篇目或改变教学方式。

对于学生来说，评价标准应该是伴随习作全过程的，其既可以记录观察体验，成为习作资源，亦可成为讨论交流的依据和最后习作成果的标准。

（二）评价主体

学生之间的互批、互改是从学生的认知角度出发，使学生提高识别错误的能力，增强分析判断能力、逻辑思维能力和鉴赏评价能力。学生之间取长补短，能培养学生的自信心和合作学习的能力。教师要让学生熟悉书面表达评分标准，指导他们从文章的审题、结构的处理、段落的划分、语言的运用等方面做出评判。

教师在学生的讨论过程中，通过细心观察，总结学生经常出现的典型问题，然后及时向学生提供指导性的反馈意见。教师在指导学生习作和批改习作中不应只把注意力放在短语、句法结构的正确性上，而还应对选材、立意、谋篇布局等语言组织和逻辑思维进行考评。

教师的评价侧重的不是学生写得如何，而是如何写，如何改进。因此，评价要考虑到学生之间的个性和差异性，教师应以表扬、称赞为主，以批评为辅。教师应将评改作为一个中间环节，而不是终结环节，继续关注学生对评价的反馈。

（三）评价内容

本研究认为课程的研究至少包括三个过程：课程的准备过程、课程的实施过程以及课程的实施效果。其实，课程开发是一个从设计到实施再到结果的循环往复、不断上升的过程。课程评价作为一种具有导向和质量监控机制的系统，并不是静止的、终结性的，而是应该贯穿到课程从设计到结果反馈的所有过程。因此课程的评价，就应当贯穿于三个阶段之中，而健康的、完整的课程的发展周期应该是自评价开始，以评价终止，并不断完善、持续发展的全过程。

这里的"过程性小学语文习作课程"一是把"功能化的阅读活动—主题化的实践活动—个性化的习作活动"统一起来形成一个完整的系列化、序列化的习作活动；二是在"个性化习作"这个环节中完成"对话交流—反复修改—成果分享"这个完整的操作过程。功能化的阅读活动、主题化的实践活动和个性化习作活动是相互促进、相互支持的，三者形成一个微循环，过程性小学语文习作课程的评价就是对这三个环节进行评价。

（四）评价方法

1. 目标导向，量化量表

评价应以促进学生的发展为目的，发展意味着缩短现状与目标之间的距离，而这目标自然应当是《课标》对相关学习成就的规定。"当我们以课程标准的形式规定了学生在完成一定时期的学业之后应达到的目标时，课程标准能否在实践中发生作用多取决于评价与课程标准之间的关系。学生学业成就评价与课程标准间如果不能建立有意义的联系，必然导致课程标准无从落实。"过程性评价应当基于《课标》制订教学目标，并以此为导向通过评价推动发展。

2. 关注过程，"手册"记录

过程性评价的"过程"既体现在评价的实施过程中，也体现在通过评价过程反馈并促进学生的发展过程中。"促进学习的课堂评价具有循环性的特征，该评价过程是一个反复的、持续不断的过程。评价结果并不是学习的终点，评价是为了更好的学习。"学习本身并非一蹴而就，其中的艰难确实也需要过程性评价的连续实施，甚至某一次评价需要反复实施多次才能达成预期效果。当然反复并不意味着简单重复，这是学习或教学不可避免的发展过程，而反复之中的变化也是智慧的体现。

3. 方式多样，内容丰富

过程性评价本身并不排斥对学习结果的评价，发展过程的完整离不开结果的呈现。实施过程性评价应当综合使用形成性评价与终结性评价、定量评价和定性评价，以满足实际情况下的不同需求。教学目标可以分阶段实现，各阶段之间既独立又关联，形成性评价注重评价对学习的诊断和反馈作用，终结性评价重在对结果的鉴定，我们应该结合使用、各取其长。同时，过程性评价既注重对知识、技能和学习策略的评价，也包含对情感态度方面的评价，评价内容的丰富也是传统评价方式不能企及的。

4. 主体多元，尊重个性

过程性评价主体可以从教育领导与决策者或者教师扩展至学生、家长以及与教学相关的人员，其倡导自评与他评相结合，多角度地运用评价。将学生纳入评价的主体范围，改变他们被动评价的角色。随着终身学习理念的提出和实践，评价将成为促进人终身学习和可持续发展的过程。学会评价将成为个体学会学习的一部分，成为人生必不可少的一种能力。要成为真正的学习者和实践者，评价的主体和客体需要融合。过程性评价属于个体内差异的评价，其同时尊重每一个学生的发展个性和历时的发展过程。

二、评价标准

教师或同学之间可以根据个性化自查表讨论得出文章的标准来进行

评价。在本研究中小学语文过程性评价实施就是评价主题围绕目标制定和使用适当的评价方案与工具对学生的习作状况进行诊断，并运用诊断结果反馈促进学生的发展，最终达成习作目标的过程。

（一）功能化阅读阶段评价标准

学会寻找、辨别和对比作者的写作方法，体会作者如何选材、如何抓住细节进行描写；学会抓住阅读中的重点词句，理解句子的意思；体会作者情感，学会作者如何表达情感；学会把自己的阅读感受进行记录并完成梳理。

本阶段主要采用学生自评和同学互评的方式进行，主要根据任务单完成情况进行评价（见表5-2）。

表5-2　功能化阅读阶段评价标准

丰富性 （4分）	语句 （2分）	能够摘写具体、重点语句（2分）
		能摘写部分具体、重点语句（1分）
		不能摘写具体、重点语句（0分）
	内容 （2分）	能挖掘好的词句，信息齐全，内容丰富完整（2分）
		能基本挖掘好的词句，信息基本齐全，内容有待丰富（1分）
		没有挖掘好的词句，内容不丰富（0分）
独立性 （4分）	内容 （2分）	能够按照学案要求对所读内容进行完整丰富的总结（2分）
		基本能够按照学案要求对所读内容进行总结，但是不够完整丰富（1分）
		没有完整丰富的总结（0分）
	感受 （2分）	能比较完整地总结和体会作者情感（2分）
		基本能总结和体会作者情感（1分）
		不能总结体会作者情感（0分）
书写 （2分）	规范 （2分）	字迹工整，卷面整洁（2分）
		字迹工整但卷面不整洁或卷面整洁但字迹不工整（1分）
		字迹潦草，影响辨认，卷面不整洁（0分）

（二）主题化实践阶段评价标准

学会运用多感官进行观察记录；能够完整、有序、细致地记录观察结果；观察记录通顺流畅；能够真实地表达自己的观察感受（见表5-3）。

表 5-3 主题化实践阶段评价标准

丰富性 (5分)	观察 (2分)	能够调动多感官进行观察记录(2分)
		通过单一或个别感官进行观察记录(1分)
		没有通过感官进行观察记录(0分)
	记录 (3分)	能够记录完整、有序、细致的观察结果(3分)
		能基本记录观察到的结果,但是在完整、有序、细致中只能做到其中两项(2分)
		能基本记录观察到的结果,但是在完整、有序、细致中只能做到其中一项(1分)
		不能完整、有序、细致地进行观察记录(0分)
独立性 (3分)	内容 (2分)	能够通顺、流畅叙述内容(2分)
		较为通顺、流畅叙述内容(1分)
		不能通顺、流畅叙述内容(0分)
	感受 (1分)	能真实地表达观察感受(1分)
		不能真实地表达观察感受(0分)
书写 (2分)	规范 (2分)	字迹工整,卷面整洁(2分)
		字迹工整但卷面不整洁或卷面整洁但字迹不工整(1分)
		字迹潦草,影响辨认,卷面不整洁(0分)

(三)讨论交流过程的评价标准

在小组学习中交流讨论发表自己的意见和见解,是修改文章的好办法。在这个过程中,师生之间、生生之间或是鼓励,或是提出修改建议,或是督促他人对习作进行修改,而这些都起到积极作用。

交流讨论是学生相互学习的一种方式。依据我们以往的教学经验,讨论交流要想顺利有效地进行就要有相应的指导和过程性操作标准,否则,讨论交流就无法达到预期的效果。

我们在讨论交流的过程中常常让学生依据一定的标准量规围绕中心议题来交流,在标准下的讨论有序、目的清晰、省时高效。

例如,在讨论"我喜欢的小动物"这一习作过程中,会至少历经两次交流活动,一次在学生预写前进行(见表 5-4),另一次在学生修改过程中进行(见表 5-5)。

表 5-4　预写之前的交流标准

讨论内容	讨论标准	A	B	C
个人的观察记录	依据"手册"的记录，有序、有重点的、声音清楚地表达			
小组交流	1. 注意倾听，边听边在自己的"手册"上做标注			
	2. 紧扣主题，展开讨论，用具体例子给同学补充			

表 5-5　预写之后小组修改阶段评价标准

习作评价(小组互评)	★	★★	★★★
围绕主题明确。5 分(主题鲜明)(有主题)(主题不够明确)			
文章结构清晰。3 分(概括介绍，重点叙述)(结构较清晰)(结构混乱)			
叙述内容具体。4 分(具体、充实)(较具体)(空泛、笼统)			
表达语句通顺。4 分(通顺、流畅)(较通顺)(不通顺、有病句)			
能够运用好词佳句。4 分(有修辞手法、语言优美)(语句较优美)(语言贫乏、单调)			
能通过多感官观察。4 分(多种感官观察描写细致)(描写较细致)(主次不清)			
有自己的观察感受。3 分(感受突出，真情实感)(能够表达自己的感受)(无感受)			
书写规范，无错别字。2 分(书写干净、工整)(较工整)(字体潦草)			
标点符号使用正确。1 分(运用恰当、规范)(较规范)(不合理、不恰当)			
同学评价 点评人：			
教师针对性点评：			

最终评价							
优秀		良好		及格		不及格	

　　以上面的表 5-4 为基础在"我喜爱的小动物"过程性习作的预写环节教师给出的交流讨论单(见表 5-6)中进行预写。

表5-6 教师给出的交流讨论单

我喜爱的小动物：	
我的观察记录：	
我打算重点写的是：	
同学的讨论	我认为你观察到的……很好： 比如……
	我在观察这个小动物时也有自己的发现：
	我建议你还应该重点描写……

（四）个性化表达习作阶段评价标准

习作主题明确、结构清晰；叙述内容充实、具体、丰富；语句优美、流畅；字迹工整。本阶段主要采用学生自评和同学互评的方式进行，主要针对任务单完成情况进行评价（见表5-7）。

表5-7 个性化表达习作阶段评价表

准确性 （4分）	主题 （2分）	主题明确（2分）
		有主题，但是主题不够明确（1分）
		主题不明确（0分）
	结构 （2分）	概括介绍，重点叙述，结构清晰（2分）
		结构较为清晰（1分）
		结构混乱（0分）
丰富性 （6分）	内容 （2分）	叙述内容充实、具体、丰富（2分）
		叙述内容较为具体（1分）
		叙述内容空泛笼统（0分）
	语句 （2分）	有修辞手法，语句优美（2分）
		语句较为优美（1分）
		语言贫乏、单调（0分）
	感受 （2分）	感受突出、真情实感（2分）
		能够表达自己的感受（1分）
		没有感受（0分）

续表

流畅性 （2分）	衔接 （2分）	语句通顺、流畅（2分）
		语句较为通顺、流畅（1分）
		语句不通顺，有病句（0分）
书写 （1分）	规范 （1分）	字迹工整（1分）
		字迹潦草，影响辨认（0分）

　　总之，我们通过探索研究开发了过程性小学语文习作课程评价的基本框架与实施标准，为师生评价提供方向与应用工具，同时，我们也认为，实施标准是基本的要求，是规范性的，同时也是价值性的。我们鼓励教师在具体主题习作课程中根据实际情况对评价内容与方式进行灵活调整，使得工具更具有实效性，同时，我们也会在实践中不断调整和完善该实施标准，使其更加科学、合理、有效。

第三节　评价案例：以"春天"为主题的习作课程评价

　　为了促进教师更加具体地理解过程性小学语文习作课程，本节我们以"春天"主题课程评价的实施为案例，对于过程性习作课程评价的基本过程、具体方法以及在不同课型中的实施进行了详细描述。

一、评价实施的基本过程

（一）实践手册上的评价

　　过程性习作课程的评价最主要的特点就是过程性，而实践手册就是评价过程性的集中体现，它是学生课堂学习状况的反映。通过观察"手册"的填写情况，教师就能随时随地掌握学生是否达成相应的学习目标。

　　具体来说，第一，"手册"上的一个个活动任务就是一个个或真实或模拟的生活情境。学生在这样生活情境中运用先前获得的知识解决某个新问题或创造某种东西；教师通过"手册"考查学生知识与技能的掌握程度，以及其实践能力、问题解决能力、交流合作能力和批判性思考能力等多种复杂能力的发展状况。

比如，"手册"上"春天"主题习作课程的活动一：观察记录柳树的变化。

同学们，当小草偷偷地探出头时，柳树也发生着变化，你们发现了吗？请你把柳树的变化记录下来吧！

柳树的变化

柳芽 ⟹ ☐ ⟹ ☐ ⟹ ☐

☐

☐

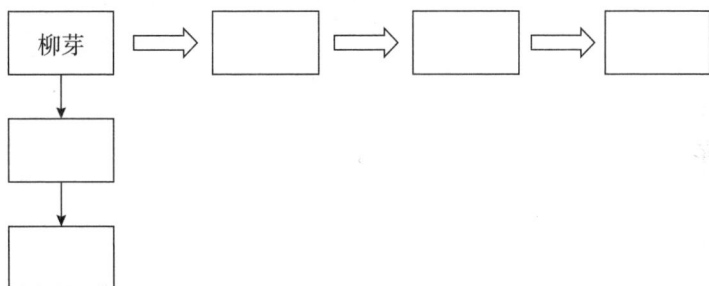

活动二：观察记录海棠的变化。

春天来了，学校的海棠花也开了，仔细观察海棠花的变化，把它记录下来，在观察的过程中你又有怎样的感受呢，也请你记录下来吧！

海棠的变化　　　　　　　　　　　　我的心情

这种集趣味性与操作性于一体的生活活动考查了学生的观察能力、筛选信息的能力和记录信息的能力。

第二，"手册"上关于阅读之后的思维导图也是一种评价的体现。思维导图考查了学生思维能力、阅读能力（其中最重要的就是比较阅读能力），发现一类文章的共同写作方法。

比如说"手册"上"春天"主题习作课程的思维导图部分：

> 想一想，上面的几篇文章都从哪些方面描写了植物，都写出了植物怎样的特点？作者是调动了哪些感官进行观察的呢？尝试把你的发现画出导图。

杨梅	
柿子	
爬山虎	

第三，"手册"中的习作例文后会有一些习作讲评和小妙招，通过教师的讲评让学生直接了解重点的写作方法。比如"手册"上"春天"主题习

作课程的讲评，在阅读例文时，"手册"上提供了一篇简单的例文如下：

> 一进植物园的大门，首先映入我眼帘的是一片片枯黄的草地。我心想：现在正是春寒料峭的时候，小草是不是还没发芽呢？好奇心驱使着我去一探究竟。
>
> 我走进草丛，轻轻地拨开枯草一看。呀！原来新长的小草都藏在枯草里呢！有的小草长的笔直笔直的，挺着小腰板，长的稍高一点的小草被露珠压弯了腰。我又忍不住去摸了摸，凉凉的，湿湿的！我又用鼻子闻了闻，一股若隐若现的清香迎面而来。
>
> 春天的小草真是太可爱了。

然后，通过"手册"的上讲评（小作者调动多种感官，通过看一看、摸一摸、闻一闻，写出了初春小草的样子。写小草时除了通过多种感官进行短期观察，还可以通过长期观察描写出小草的变化，如果能把自己的观察感受融入其中就更好了），让学生了解这段习作的妙处及不足。这样的评价是对于习作技巧直接而准确的说明，让学生通过评价明确了在接下来的预写阶段应该运用怎样的习作技巧，尽量规避所提到的不足。

第四，"手册"上对于小组合作评价时提供了一些评价量表，评价量表将在下面的内容中加以具体说明，本小节不做说明。

(二)量表评价

当然，囿于学生习作能力现状，如果直接放手让学生对彼此预写文章进行自评或者互评很容易造成无可评说或者胡乱评价的现象。为了避免这样的问题出现，教师根据习作内容和习作能力提供评价的标准，这一标准在本研究中集中体现在评价量表之中。

在阅读中，学生进行了句子的积累、内容的梳理、结构的明确、写法的体悟，如何判断学生在以上几个方面做得如何，就需要进行量表评价。以下是以"春天"为主题的习作课程评价量表（见表5-8）。

表 5-8   以"春天"为主题的习作课程评价量表

丰富性 (4分)	语句 (2分)	能够摘写具体、重点语句(2分)
		能摘写部分具体、重点语句(1分)
		不能摘写具体、重点语句(0分)
	内容 (2分)	能挖掘利用了不同修辞手法的句子,信息齐全,内容丰富完整(2分)
		能基本挖掘不同修辞手法的词句,信息基本齐全,内容有待丰富(1分)
		没有挖掘不同修辞手法的词句,内容不丰富(0分)
独立性 (6分)	内容(1) (2分)	能够从植物的不同方面设计思维导图(2分)
		基本从植物的不同方面设计思维导图,但是不够完整(1分)
		没有从植物的不同方面设计思维导图(0分)
	内容(2) (2分)	能够在不同方面按照不同感官设计思维导图(2分)
		基本在不同方面按照不同感官设计思维导图,但是不够完整(1分)
		没有按照不同感官设计思维导图(0分)
	内容(3) (2分)	能比较完整地总结和体会作者情感(2分)
		基本能总结和体会作者情感(1分)
		不能总结和体会作者情感(0分)
书写 (2分)	规范 (2分)	字迹工整,卷面整洁(2分)
		字迹工整但卷面不整洁,或卷面整洁但字迹不工整(1分)
		字迹潦草,影响辨认,卷面不整洁(0分)
总分		

我们可以看到,通过这样的评价,学生可以理解习作的目标,教师可以了解学生的掌握程度。

表 5-9   预写之前交流观察记录评价标准

讨论内容	讨论标准	A	B	C
个人的观察记录	依据"手册"的记录,有序、有重点的、声音清楚地表达			
小组交流	1. 注意倾听,边听边在自己的"手册"上做标注			
	2. 紧扣主题,展开讨论,用具体例子给同学补充			

从这个量表(见表 5-9)我们可以发现,学生要通过互相评价明确交流时表达、倾听、修改等多方面的标准,在了解标准之后就有进一步努

力的方向。

表 5-10 预写之后小组修改阶段评价标准

习作评价(小组互评)	★	★★	★★★
围绕主题明确。5分(主题鲜明)(有主题)(主题不够明确)			
文章结构清晰。3分(概括介绍,重点叙述)(结构较清晰)(结构混乱)			
叙述内容具体。4分(具体、充实)(较具体)(空泛、笼统)			
表达语句通顺。4分(通顺、流畅)(较通顺)(不通顺、有病句)			
能够运用好词佳句。4分(有修辞手法、语言优美)(语句较优美)(语言贫乏、单调)			
能通过多感官观察。4分(多种感官观察,描写细致)(描写较细致)(主次不清)			
有自己的观察感受。3分(感受突出,真情实感)(能够表达自己的感受)(无感受)			
书写规范,无错别字。2分(书写干净、工整)(较工整)(字体潦草)			
标点符号使用正确。1分(运用恰当、规范)(较规范)(不合理、不恰当)			
同学总结评语: 点评人:			
教师针对性点评:			
最终评价			
优秀	良好	及格	不及格

这个量表(见表 5-10)由四部分组成,分别是星级分项评价、同学总结评语、教师针对性点评和最终评价。我们可以看出这个课程的评价既有同学之间的互评,又有教师的针对性点评;既有过程性评价,又有终结性评价;既有等级评价,又有书面的评语评价。

(三)交流评价

交流评价是教师和学生针对习作进行的,集中交流讨论习作中的优点及存在的问题。在以"春天"为主题的习作课程中,交流评价的方式主要有集体评改和个别评改两种。集体评价是教师把所有学生习作中共同的、典型的优点在课堂上提出表扬，共同欣赏，比如教师用激励性的话语表扬学生作文中的优点：关注到了春天植物的颜色、大小与味道。个别评价是教师私下与个别学生进行交流，对作文中的问题进行个别指导，在小组交流的过程中，教师对小组内共同的优点加以肯定，对学生作文中有进步的提出表扬，同时通过评价对学生不能解决的问题加以引导。

当然，这种交流与评价在同学互评中体现得更加明显。在小组的互评互改过程中，先由习作的小作者在组内读出习作，其他组员认真听后根据评价量表发表各自的看法，由小组的记录员记录他人的看法和建议，不过要求学生必须要先写优点再写缺点，最后写上小组成员的名字。小组共同评价完一个同学的作文后，再按照同样的方法来继续评价其他同学的文章，这样能尽量保证每个小组的每个成员都有事做，都能够真正参与进来。等到所有习作评价结束之后，全班交流较好的文章，并且把互评的书面评价意见读出来，教师再对被推荐的文章以及小组的评价意见分别做出点评。这样做，既照顾到了学生的文章的内容，又照顾到了书面评价的内容；即使被推荐习作的学生感受到被肯定、被赞赏的喜悦，又使做出书面评价意见的小组能够感受到互评习作的乐趣。

二、不同课型评价的具体实施

三年级我们进行了以"春天"为主题的过程性习作课程。课程中学生阅读教材中写春天植物的篇章，寻找写作方法；然后在生活中观察春天的柳树和海棠花，并将自己的观察结果记录下来，进行课堂交流并尝试预写；最后通过小组合作进行预写习作的评改，再次阅读例文进行预写评改。在这一过程性习作的课程中，处处体现着评价的客观性、多样性、过程性和可操作性。

(一)"读写关联"过程性习作课中的评价

1. 回顾导入

师：你在春天的柳枝上都发现了什么呢？

生：春天到了，柳枝变绿了。

生：在春天，柳枝上有一个个小疙瘩。

师：看来这位同学真是一个仔细观察的孩子。那一个个小疙瘩不久就会发生巨大的变化。

  师：谁看到了这个变化，并能够运用我们学过的词语描述一下？

  生：春天来了，柳枝上冒出了嫩嫩的绿芽。

  师：非常好，"冒"出这个动词用得很准确，而"嫩嫩的"又显示了小柳芽的生机勃勃。

  教师随时关注学生的动态，对学生的评价从积极的方面进行。鼓励的同时也注意到指明哪里说的比较好，不仅让发言的学生通过倾听教师的评价产生自豪感，更让全体学生了解到遣词造句的妙处。这样的评价充分尊重了人的价值，用乐观的人生态度来面对一个个小生命，把语言当作一种生命，让孩子有兴趣去自由地表达，且乐于运用语言去发现，去满足他们的学习成就感。

  2. 交流"手册"内容

  学生以小组为单位对自己"手册"上的记录内容进行交流，交流的内容是柳树的变化：

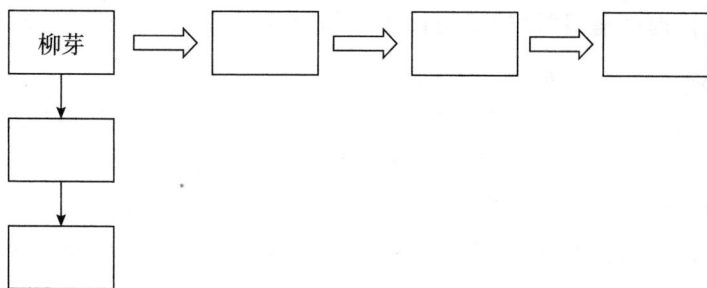

  在交流之中根据教师所给的量表（见表 5-11）对彼此的交流进行评价。

表 5-11　交流评价量表

讨论内容	讨论标准	A	B	C
个人的观察记录	依据"手册"的记录，有序的、有重点的、声音清楚地表达			
小组交流	1. 注意倾听，边听边在自己的"手册"上做标注			
	2. 紧扣主题，展开讨论，用具体例子给同学补充			

  学生首先明确交流发言时的普遍要求："有序的、有重点的、声音清楚地表达"；然后了解交流的第二个重点——修改，根据组员们的发

言修改、补充、删除自己的观察记录；最后还要在小组合作中发挥自己的建议作用，在讨论中有理有据的提出自己的意见，对其他人的发言进行补充。

3. 修改"手册"

在交流观察记录之后，学生对自己的记录内容进行修改，比如一名学生在交流之前是这样记录的：

| 柳芽 | ⇨ | 小 | ⇨ | 绿 | ⇨ | 无味 |

交流之后修改为：

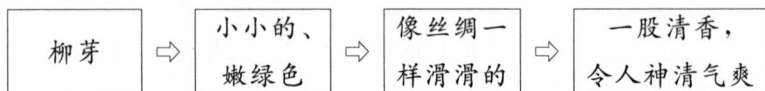

| 柳芽 | ⇨ | 小小的、嫩绿色 | ⇨ | 像丝绸一样滑滑的 | ⇨ | 一股清香，令人神清气爽 |

从以上的例子可以看出来，学生通过小组交流讨论，观察的角度在视觉和嗅觉的基础上加入了触觉，更加细致与多样，同时语言也更加生动，并且用上了比喻的修辞手法。

(二)"读中悟写"过程性习作课中的评价

1. 品读课文，明确写作方法

学生通过品读课文《荷花》，自主找寻其中较为突出的写作方法，通过小组的交流，从写作内容、文章结构、修辞手法、突出技巧等方面进行梳理与总结，并将自学成果绘制成思维导图。这一导图就是学生自主讨论之后的学习成果，教师可以通过思维导图评价学生是否了解了写植物的一般写作方法。

2. 迁移阅读，巩固复习

学生通过对比"手册"中的名家名篇片段(《我爱故乡的杨梅》《我爱家乡的柿子》《爬山虎的脚》)，加深对于某些写作手法的理解与感悟。阅读之后教师提问："想一想，上面的几篇文章都从哪些方面描写了植物，都写出了植物怎样的特点？作者是调动了哪些感官进行观察的呢？尝试把你的发现画出导图。"学生拿出"手册"，把导图绘制在"手册"的相应位置。通过这一环节，学生更加明确写植物要通过多感官观察，才能写出植物的特点，并要写出植物的生长变化。之后，学生在小组内经过交流彼此的思维导图，按照以下的评价量表(见表 5-12)评价彼此的导图是否合理。

表 5-12 "读中悟写"过程性习作课评价量表

丰富性 (4分)	语句 (2分)	能够摘写具体、重点语句(2分)
		能摘写部分具体、重点语句(1分)
		不能摘写具体、重点语句(0分)
	内容 (2分)	能挖掘利用了不同修辞手法的句子,信息齐全,内容丰富完整(2分)
		基本挖掘不同修辞手法的词句,信息基本齐全,内容有待丰富(1分)
		没有挖掘不同修辞手法的词句,内容不丰富(0分)
独立性 (6分)	内容(1) (2分)	能够从植物的不同方面设计思维导图(2分)
		能基本从植物的不同方面设计思维导图,但是不够完整(1分)
		没有从植物的不同方面设计思维导图(0分)
	内容(2) (2分)	能够在不同方面按照不同感官设计思维导图(2分)
		基本在不同方面按照不同感官设计思维导图,但是不够完整(1分)
		没有在不同方面按照不同感官设计思维导图(0分)
	内容(3) (2分)	能比较完整地总结和体会作者情感(2分)
		基本能总结和体会作者情感(1分)
		不能总结和体会作者情感(0分)
书写 (2分)	规范 (2分)	字迹工整,卷面整洁(2分)
		字迹工整但卷面不整洁,或卷面整洁但字迹不工整(1分)
		字迹潦草,影响辨认,卷面不整洁(0分)
总分		

教师掌握了学生通过小组合作学习到了哪种程度,之后引导学生总结描写植物的一般方法,在教学时要注意,当学生表现不好或出错时要用平和的语气给予提示和建议,鼓励学生再次思考、再次尝试,使学生通过教师的引导体会成功的喜悦,达成学习目的。比如:

师:这些文章在写植物时都是从哪些方面进行描写的呢?
(学生举手回答,是用课文的原文来回答的,但是语言没有组织好)
师:其实你可以用自己的话来说,可能会说得更通顺更具体。

"用自己的话来说"就是一种方法的指导,"其实""可能"这样的词语也更容易让学生接受。

3. 迁移方法，尝试小段练习

学生在初步明确了写作方法之后，进行课堂的片段练笔——《小草》。写完之后，小组内进行评价，学生根据他人的建议进行修改。

（三）"自主修改"过程性习作课中的评价

评价在"自主修改"过程性习作课中体现得更加充分，从评价主体上来看，不仅仅有教师的评价，小组活动中同伴的互相评价更加凸显。

教师引导学生学会给自己和他人的习作根据评价量表进行评价，在评价中找到自己习作的亮点，发现与他人存在的差距，不断评价与总结经验提高习作能力。学生首先认真阅读习作，尊重自己和别人的劳动成果，要用真诚和负责任的态度提出意见或建议。

1. 根据标准，自改全篇习作

学生根据教师的引导回忆本次习作的主题与要求，在此基础上，教师给出"自主修改"习作评价标准（见表5-13）；然后学生按照标准进行自我评价、修改。

表5-13 "自主修改"习作评价标准

主题明确	内容具体	语言运用	书写规范	备注
有明确的主题	结构完整，叙述清楚	语句通顺，无病句	正确使用汉字书写，无错别字	
能够围绕主题书写	能够分段表述，过渡自然，条理清晰	能调动多种感官进行描写	规范使用标点符号，行款正确	
题目恰当	内容表述重点突出，详略得当	抒发真情实感	纸面整洁，无涂抹乱画现象	

2. 小组讨论，互改重点段落

学生对照"小组互评"习作评价量表（见表5-14）进行小组评价，并结合评价进行重点段落的修改。

表5-14 "小组互评"习作评价量表

习作评价（小组互评）	★	★★	★★★
围绕主题明确。5分（主题鲜明）（有主题）（主题不够明确）			
文章结构清晰。3分（概括介绍，重点叙述）（结构较清晰）（结构混乱）			
叙述内容具体。4分（具体、充实）（较具体）（空泛、笼统）			

续表

习作评价（小组互评）	★	★★	★★★
表达语句通顺。4分（通顺、流畅）（较通顺）（不通顺、有病句）			
能够运用好词佳句。4分（有修辞手法、语言优美）（语句较优美）（语言贫乏、单调）			
能通过多感官观察。4分（多种感官观察，描写细致）（描写较细致）（主次不清）			
有自己的观察感受。3分（感受突出，真情实感）（能够表达自己的感受）（无感受）			
书写规范，无错别字。2分（书写干净、工整）（较工整）（字体潦草）			
标点符号使用正确。1分（运用恰当、规范）（较规范）（不合理、不恰当）			

同学总结评语：
点评人：

教师针对性点评：

最终评价						
优秀		良好		及格		不及格	

　　具体操作如下：一组员在小组内朗读自己的习作，其他组员认真倾听；之后其他组员依次说出自己认为朗读者习作中写得好的地方，并勾画下来；最后是条理清楚地指出不足在哪里。当所有人发言结束，综合所有人的发言将评语写在量表的相应部分。此外，还可以即兴说出他人习作中给自己留下深刻印象的部分，并提出独到见解。

　　例如，一名同学《柳》的初稿如下：

　　我家楼下有几棵柳树。春风一吹，原本光秃秃、单调的棕色柳树发生了变化，我惊喜极了。

　　柳树刚刚发芽。小小的、嫩绿的柳芽探出了头，可爱极了。过了两天，我看到柳芽长大了些，变成了浅绿色，风一吹长长的柳枝就摇了起来，那一片片柳叶也跳起了舞蹈。远远看过去，那么多的柳条垂落到地上就像是一道瀑布。

一场小雨过后，柳叶已经和我的手指一样长了。晶莹的露珠在绿绿的叶子上滚动，像一颗珍珠闪烁着美丽的光芒。

柳树啊，柳树，你还会发生什么变化呢？我真是很期待呢。

利用评价量表一名同学这样评价上述初稿：

我认为你的这篇习作写得有条有理，先写柳树的地理位置和你的惊喜。再分别介绍了柳芽的颜色、大小等，最后抒发感情，表达你的期待。从习作中，我了解了柳芽的生长过程，写得很不错。但是你的字数比较少，因为都是从视觉方面写的，能不能通过多感官的观察写出柳芽的生机勃勃，这样就更加生动具体了。另外你有两个错别字，下次继续努力，我看好你哦！

另一名同学的评价：

"我觉得你可以加入一些自己的想象，咱们《荷花》这篇课文就把自己当作了一朵荷花，写得多美啊。"

第三名同学的评价：

你可能没注意观察，柳树在春天还会长柳絮的，它会像棉花一样在空中飞舞。

这是学生互相评价的结晶，不仅仅帮助同学指出了错别字，而且对于文章的结构、内容也有自己的感悟，同时提出了习作的不足与修改的方向。学生用语自然亲切，让学习变得更加地有趣，让评价不再是没有任何感情的冰冷的文字，而是有温度的真心提示。同时也促进了学生之间的合作，增进了彼此的友谊。

学生的评价如此全面，这也表明学生的潜力是无穷的。教师要学会放权给学生，让他们之间互相评价与修改，共同进步，教师只需作为一个引导者，一步步地教学生方法，学生自己就可以去评价。

在互评的基础上这名同学进行了第二次的修改，重点段落修改后的文字如下：

> 春风一吹，柳树就穿上了新装。那小小的、嫩绿的柳芽探出了头，仿佛一个个沉睡了一冬的小娃娃，睁开了眼睛好奇地看着世界。仔细一看，每个柳芽的下面，还有两片毛茸茸的褐色叶片，它们用自己的身体托举着柳芽，好像托举着整个世界那样小心翼翼。
>
> 过了两天，我看到柳叶变成了浅绿色，风一吹长长的柳枝就摇了起来，那一片片柳叶也跳起了舞蹈，鼻子里闻到了属于新鲜生命的草木清香，沁人心脾。远远看过去，那么多的柳条垂落到地上就像是一道瀑布。阳光照射过来，给整个柳树镀上了一层金色的光芒。

在上述互评的案例中，学生是具体运用"量表评价"进行小组的互评与修改，阐明习作哪里写得好，哪里存在不足，既加深了对这篇习作的认识，巩固了修改标准的掌握与运用，也将习作修改得更好，促进了学生修改能力的提升。

3. 引入名篇，再改细节描写

学生在充分阅读《紫藤萝瀑布》（片段）《荷塘月色》（片段）的基础上，再次进行头脑风暴，对名家的文章（尤其细节描写处）进行品评，完善评价量表的评价内容，从中汲取写作营养，再次修改细节描写。

4. 扩宽评价，展示优秀习作

在学生进行修改后，教师利用班级的展示板将优秀的习作进行展示，这属于展示评价。还有一些优秀作品被印在了学校的习作手册中。这样展示性评价有利于树立学生习作的自信，增强其习作欲望，形成有利于习作的环境。

总之，在过程性小学语文习作课程评价中，我们既有量化评价又有过程性的质性评价，我们开发了一整套的评价实施标准与工具，同时又通过作业分析、交流发言、口头点评等进行过程性评价，使得评价更加丰富完整，从而对过程性小学语文习作课程的实施、学生综合素养与习作能力的提升起到促进作用。

附：过程性小学语文习作课

案例一：

动物物语

——人教版六年级上册第七单元

六年级第一学期第七单元的课文向我们讲述了发生在人与动物、动物与动物之间的感人故事，展示了动物丰富的情感世界。《老人与海鸥》为我们展示了老人与海鸥之间的深情；《跑进家来的松鼠》让我们知道人与松鼠也能同居一室，和谐相处；《最后一头战象》为我们讲述了一头临终不忘自己使命的有灵性的战象的悲壮故事，读后让人肃然起敬；《金色的脚印》则告诉我们动物也同样注重亲情，狐狸一家生死相依的浓浓亲情同样震撼人心。同学们，让我们一起走进动物的世界。

第一课时　群文阅读　读中学写

【学习目标】

1. 学会运用对比阅读的方法，体会作者用典型事例描写动物的方法。

2. 能够抓住文章中重点词句，学习作者通过对动物的动作、神态的描写表现动物内心和情感的方法。

3. 通过读、行、写的综合训练，能够发现生活中的细节，并在写作中表达自己的真实感受。

【学习过程】

一、梳理故事梗概

```
                    老人唤鸥        《老人与海鸥》一文主要记叙了
                  ⎧                  _____
                  ⎪                  _____
老人与海鸥  ⎨       _____          表达了_____
                  ⎪                  _____
                  ⎩       _____    体现了_____
                                      _____
```

最后一头战象 ⎰ 重披战甲

《最后一头战象》一文主要记叙了 _____

_____

_____

表达了嘎羧 _____

_____

村民和作者 _____

_____

_____

_____

跑进家来的松鼠

二、聚焦细节，学习写法

第七单元向我们展示了海鸥、松鼠、大象、狐狸四种动物，它们形象鲜明、特点突出，作者是怎样将这些特点表达出来的？又是怎样把事件写具体的？请你对比阅读、仔细思考，完成下列表格。

课题	细节描写	我的发现	
		推测心情	我的感受
《老人与海鸥》	意想不到的事情发生了——一群海鸥突然飞来，围着老人的遗像翻飞盘旋，连声鸣叫，叫声和姿势与平时大不一样，像是发生了什么大事。我们非常惊异，急忙从老人的照片旁退开，为海鸥们让出了一片空地。		

续表

课题	细节描写	我的发现	
		推测心情	我的感受
《跑进家来的松鼠》	有时，松鼠跳到我的肩上，用小嘴蹭我的脸，还轻轻咬我的耳朵，我想它是又想吃糖了。可我上哪儿给它找去呢？它整天满屋乱跑，在橱柜和架子上跳来跳去，动作灵活得惊人，从来没有碰掉过一样东西。		
《最后一头战象》	二天早晨，嘎羧突然十分亢奋，两只眼睛烧得通红，见到波农丁，欧欧地轻吼着，象蹄急促地踏着地面，鼻尖指向堆放杂物的阁楼，像是想得到阁楼上的什么东西。 嘎羧用鼻尖钩住，像丢垃圾似的甩出象房，继续焦躁不安地仰头吼叫。 没想到，嘎羧见了，一下子安静下来，用鼻子呼呼吹去上面的灰尘，鼻尖久久地在上面摩挲着，眼睛里泪光闪闪，像是见到久别重逢的老朋友。		
《金色的脚印》	这时，另一只老狐狸悄悄地出现了。小狐狸一见老狐狸，就不停地哼叫着，用鼻子蹭着老狐狸的身子。它想跟老狐狸走，但是，刚迈出两三步就被铁链拽住。这样反复了两次，老狐狸才发现了铁链。它用牙齿拼命地咬，好长时间才明白过来这样做是徒劳的，就卧在地上给小狐狸喂奶。		

三、借助语境，读写迁移

结合课文内容，想象下面的情景，把细节填补上。

事隔一年，我们再次来到翠湖边，看到挨近湖边的一处肃立着老人的雕塑_____

_____

一群海鸥_____

_____

第二课时 观察体验 读写关联

【学习目标】

1. 我们都知道某些动物的一些特点,通过观察动物,我们还能发现一些有趣的事件和具体的细节,请记录下来。

2. 在观察中,我们重点观察小动物的动作、神态等细节,并揣摩小动物的心理。

【学习过程】

一、课前观察

(一)观察记录小动物的"生活画面"

题目	事件	特点或情感

(二)寻找"印象深刻的瞬间"

请你仔细回忆这件事,想想在这件事中,小动物最让你印象深刻的镜头是什么。把它们记录下来。

我的镜头一:

动物	动作	叫声	神态	环境	其他

我的镜头二:

动物	动作	叫声	神态	环境	其他

（三）画出"情节曲线图"

在观察小动物的过程中，小动物透过行为表现出的内心情感有着怎样的变化，选择"我的镜头"其一，画出情节曲线图。

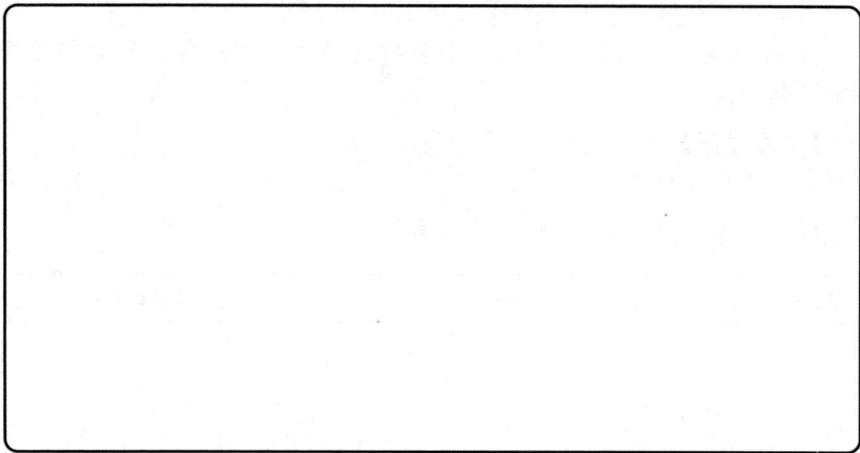

二、交流观察

1. 你一定认识很多动物，最喜欢的是哪一个？

我最喜欢的动物：＿＿＿＿＿＿＿＿

2. 它是什么样子的？先想一想，再写出来，最好能画出来。

全身：＿＿＿＿＿＿＿＿＿＿＿＿＿＿＿＿＿＿＿＿＿

眼睛：＿＿＿＿＿＿＿＿＿＿＿＿＿＿＿＿＿＿＿＿＿

耳朵：＿＿＿＿＿＿＿＿＿＿＿＿＿＿＿＿＿＿＿＿＿

尾巴：＿＿＿＿＿＿＿＿＿＿＿＿＿＿＿＿＿＿＿＿＿

（   ）：＿＿＿＿＿＿＿＿＿＿＿＿＿＿＿＿＿＿＿

3. 它的特点是什么？从生活中观察，或者找找相关的资料，把它的特点记录下来。

特点 1：＿＿＿＿＿＿＿＿＿＿＿＿＿＿＿＿＿＿＿＿

典型事例/具体表现：

＿＿＿＿＿＿＿＿＿＿＿＿＿＿＿＿＿＿＿＿＿＿＿＿＿

特点 2：＿＿＿＿＿＿＿＿＿＿＿＿＿＿＿＿＿＿＿＿

典型事例/具体表现：

＿＿＿＿＿＿＿＿＿＿＿＿＿＿＿＿＿＿＿＿＿＿＿＿＿

4. 我的感受：

_____

_____

三、交流讨论记录

我的观察	同学的建议	我的记录
最令我感动的故事……	我最想知道的细节是……	
我观察到的细节……	我希望你能把……说得更清楚	
我想表现……	我给你增补的材料……	

四、尝试作文

现在，请你根据自己的观察记录，写一写这个小动物。

<table>
<tr><td></td><td></td><td></td><td></td><td></td><td></td><td></td><td></td><td></td><td></td><td></td><td></td><td></td><td></td><td></td><td></td><td></td><td></td><td></td><td></td></tr>
<tr><td></td><td></td><td></td><td></td><td></td><td></td><td></td><td></td><td></td><td></td><td></td><td></td><td></td><td></td><td></td><td></td><td></td><td></td><td></td><td></td></tr>
<tr><td></td><td></td><td></td><td></td><td></td><td></td><td></td><td></td><td></td><td></td><td></td><td></td><td></td><td></td><td></td><td></td><td></td><td></td><td></td><td></td></tr>
<tr><td></td><td></td><td></td><td></td><td></td><td></td><td></td><td></td><td></td><td></td><td></td><td></td><td></td><td></td><td></td><td></td><td></td><td></td><td></td><td></td></tr>
<tr><td></td><td></td><td></td><td></td><td></td><td></td><td></td><td></td><td></td><td></td><td></td><td></td><td></td><td></td><td></td><td></td><td></td><td></td><td></td><td></td></tr>
<tr><td></td><td></td><td></td><td></td><td></td><td></td><td></td><td></td><td></td><td></td><td></td><td></td><td></td><td></td><td></td><td></td><td></td><td></td><td></td><td></td></tr>
<tr><td></td><td></td><td></td><td></td><td></td><td></td><td></td><td></td><td></td><td></td><td></td><td></td><td></td><td></td><td></td><td></td><td></td><td></td><td></td><td></td></tr>
<tr><td></td><td></td><td></td><td></td><td></td><td></td><td></td><td></td><td></td><td></td><td></td><td></td><td></td><td></td><td></td><td></td><td></td><td></td><td></td><td></td></tr>
<tr><td></td><td></td><td></td><td></td><td></td><td></td><td></td><td></td><td></td><td></td><td></td><td></td><td></td><td></td><td></td><td></td><td></td><td></td><td></td><td></td></tr>
<tr><td></td><td></td><td></td><td></td><td></td><td></td><td></td><td></td><td></td><td></td><td></td><td></td><td></td><td></td><td></td><td></td><td></td><td></td><td></td><td>200</td></tr>
<tr><td></td><td></td><td></td><td></td><td></td><td></td><td></td><td></td><td></td><td></td><td></td><td></td><td></td><td></td><td></td><td></td><td></td><td></td><td></td><td></td></tr>
<tr><td></td><td></td><td></td><td></td><td></td><td></td><td></td><td></td><td></td><td></td><td></td><td></td><td></td><td></td><td></td><td></td><td></td><td></td><td></td><td></td></tr>
</table>

400

<table>
<tr><td></td><td></td><td></td><td></td><td></td><td></td><td></td><td></td><td></td><td></td><td></td><td></td><td></td><td></td><td></td><td></td><td></td><td></td></tr>
</table>

（此处为空白方格稿纸，共七行）

第三课时　讨论交流　反复修改

【学习目标】

围绕主题，语句通顺、重点突出地描写动物。

【学习过程】

一、小组合作，交流讨论

在上节课中同学们都写了自己与小动物之间发生的事，请大家在小组内分享，然后说一说彼此的优点。

在组内朗读自己的习作，组内成员依据评价标准，讨论交流修改建议。

此次作文评估	A	B	C	修改建议
能够流畅地组织语言，把习作内容讲清楚，让读者听明白				
能够用细节、例子把动物的情感写出来				
能够独立使用多样化的修辞手法，如比喻、拟人				
有意识地体会并熟练运用阅读中的习作方法，提高自己的习作质量				

二、比较阅读，深入讨论修改

中外不少名家也写过动物，他们是用什么样的语言将小动物的特点写得活灵活现的？请你仔细体会，然后修改自己的文章。

在放蜂人的营地，我曾看到过胡蜂（即我们通常所称的马蜂）同蚂蚁一起在蜜桶偷食蜂蜜。这个经验，导致我后来犯了一个无法弥补的过错。

胡蜂在我的书房窗外筑巢期间，为了酬劳它们，我在巢下的窗台为它们放过一只尚有余蜜的空蜂蜜瓶。我是下午放上的，但到了傍晚，也未见一只蜂蜜触动蜜瓶。晚上9点，我突然发现外面蜂巢大乱，只见窗户上，瓶子里，到处是蜂。可能它们天黑停止工作后，部分蜂出来吃蜜，这些带有蜜味的蜂回巢后遭到了攻击。直到夜里11点，蜂巢才渐渐安静下来。我打开纱窗，将瓶子放倒，因为里面还有七八只蜂无法出来。这些满身是蜜的蜂，艰缓地沿窗向上爬去。它们小心翼翼地接近蜂巢，身后的玻璃上留下了道道蜜痕。

翌日一早，蜂群又正常地开始了它们紧张有序的建设工作。一种预感，使我忽然想到楼下看看，在楼下，我找到了10余只死蜂。由于愧怍，我没有将这件事情写进《我的邻居胡蜂》里。但我当天写了日记，我在最后写道："请原谅，胡蜂！"

——苇岸《大地上的事情》（节选）

我开始欣赏鸟，是在四川。黎明时，窗外是一片鸟啭，不是吱吱喳喳的麻雀，不是呱呱噪啼的乌鸦，那一片声音是清脆的，是嘹亮的，有的一声长叫，包括着六七个音阶，有的只是一个声音，圆润而不觉其单调，有时候是独奏，有时候是合唱，简直是一派和谐的交响乐。不知有多少个春天的早晨，这样的鸟声把我从梦境唤起。等到旭日高升，市声鼎沸，鸟就沉默了，不知到哪里去了。一直等到夜晚，才又听到杜鹃叫，由远叫到近，由近叫到远，一声急似一声，竟是凄绝的哀乐。客夜闻此，说不出的酸楚！

在白昼，听不到鸟鸣，但是看得见鸟的形体。世界上的生物，没有比鸟更俊俏的。多少样不知名的小鸟，在枝头跳跃，有的曳着长长的尾巴，有的翘着尖尖的长喙，有的是胸襟上带着一块照眼的颜色，有的是飞起来的时候才闪露一下斑斓的花彩。几乎没有例外的，鸟的身躯都是玲珑饱满的，细瘦而不干瘪，丰腴而不臃肿，真是减一分则太瘦，增一分则太肥那样的秾纤合度，跳荡得那样轻灵，脚上像是有弹簧。看他高踞枝头，临风顾盼——好锐利的喜悦刺上我的心头。不知是什么东西惊动它了，它倏地振翅飞去，它不回顾，它不悲哀，它像虹似的一下就消逝了，它留下的是无限的迷惘。有时候稻田里伫立着一只白鹭，拳着一条腿，缩着颈子，有时候"一行白鹭上青天"，背后还衬着黛青的山色和釉绿的梯田，就是抓小鸡的鸢鹰，啾啾的叫着，在天空盘旋，也有令人喜悦的一种雄姿。

——梁实秋《鸟》（节选）

在描写动物的文章中，有两个大名鼎鼎的作家，一位是中国作家沈石溪，一位是日本作家椋鸠十，他们笔下的动物故事一定会让你大有所得。

例文一：

那天，我去镇子上赶集，买了只七斤重的大公鸡，准备晚上熬鸡汤喝。在回来的古河道河湾看到有一只狐狸正在垂死挣扎：它口吐白沫，绒毛恣张，肩胛抽搐，似乎中了毒；看到我，它惊慌地站起来想逃命，但刚站起来又虚弱地摔倒了。那摔倒的姿势逼真地无懈可击，直挺挺栽倒在地，"咕咚"一声响，后脑勺重重砸在鹅卵石上。它四仰八叉躺在地上，眉眼间那块蝴蝶状白斑痛苦地扭曲着，绝望地望着我。我看得很清楚，那是只成年公狐，体毛厚密，色泽艳丽，像块大红色的金缎子。我情不自禁地产生一种前去擒捉的欲望和冲动，于是捆好了公鸡准备行动。

我走到乱石滩，举起裤带圈刚要往狐狸的脖颈套去，突然，狐狸"活"过来了，一挺腰，麻利地翻起身，一溜烟从我的眼皮下窜出去。这简直是惊尸还魂，我吓了一大跳。就在这时，背后传来鸡恐惧的啼叫，我赶紧扭头望去，目瞪口呆，一只黑耳朵母狐狸正在野芭蕉树下咬我的大公鸡：大公鸡被捆的结结实实，丧失了任何反抗和逃跑的能力，对母狐狸来说，肯定比钻到笼子里捉鸡更方便。我弯腰想捡块石头扔过去，但已经晚了，母狐狸叼住鸡脖子，大踏步朝干枯的古河道对岸奔跑而去。而那只诈死的公狐狸兜了个圈，在对岸与偷鸡的母狐狸胜利会合，一个叼鸡头，一个叼鸡腿，并肩而行。他们快跑进树林时，公狐还转身朝我挤了挤眼，那条红白相间很别致的尾巴怪模怪样地朝我甩摇了两下，也不知是在道歉还是在致谢。我傻了眼，啼笑皆非。我想捡狐狸的便宜，却不料被狐狸捡了便宜！

——沈石溪《猎狐》

小妙招：

1. 细致的心理描写让身临其境。

2. 用"我"的反应反衬狐狸的狡猾机灵和配合默契。

例文二：

一天，老狐狸照例在正太郎的房间里踱来踱去，看着睡午觉的正太郎。谁知这一幕被正好提前回家的正太郎的妈妈看到了，她赶快去告诉了正太郎的爸爸。

第二天，正太郎的爸爸借来专门捕狐狸的猎狗，在附近一带山里转圈寻找老狐狸。可是，一点线索也没有。

傍晚回到家里，正太郎的爸爸正歇着喝茶，捕狐狸的狗"汪、汪、汪"地狂叫起来。出去一看，狗正冲着地板下面一个劲地狂叫。

"什么呀！这家伙虽然找不到狐狸，倒能立刻发现黄鼠狼什么的呢！"

正太郎的爸爸说着就笑了。可是，正探着头往地板下面望的男佣人放低嗓门说："老爷，有个东西在里头，眼睛亮闪闪的，真吓人哪！"

"什么？"正太郎的爸爸操起猎枪，跳到院子里。

"有，有。好家伙，多么可怕的东西！竟敢跑到这儿来做窝，是钻了我们的空子。好吧，这回可不能让你活着出来啦！"他这样自言自语着，又唆使狗把狐狸一步一步地赶出来。自己用手指扣着枪的扳机，全神贯注地瞄准。

正在这时，正太郎放学回家了。他一眼就看出发生了什么事，把书包往那儿一扔，就跑到爸爸身旁。"不行，爸爸，不能开枪！"正太郎喊着，一下子扑到了正要发射的枪身上。

"啊，危险！"爸爸大吃一惊，手里的枪掉了下来。就在这时，砰地一声巨响，子弹发射出去了。"啊——呀！"

大家都惊呆了。幸亏谁也没有受伤。

老狐狸不知在什么时候逃跑了。

——椋鸠十《金色的脚印》(节选)

小妙招：

1. 为了渲染紧张和激烈的气氛运用了短段落。

2. 重点使用人物对话，突出内心紧张。

三、誊写习作，分享成果

现在，你的习作一定精彩了不少，将修改后的习作工工整整地抄写在下面吧。

400

习作评价(小组互评)	★	★★	★★★
围绕主题明确。5分(主题鲜明)(有主题)(主题不够明确)			
文章结构清晰。3分(概括介绍,重点叙述)(结构较清晰)(结构混乱)			
叙述内容具体。4分(具体、充实)(较具体)(空泛、笼统)			
表达语句通顺。4分(通顺、流畅)(较通顺)(不通顺、有病句)			
能够运用好词佳句。4分(有修辞手法、语言优美)(语句较优美)(语言贫乏、单调)			
能通过多感官观察。4分(多种感官观察,描写细致)(描写较细致)(主次不清)			
有自己的观察感受。3分(感受突出,真情实感)(能够表达自己的感受)(无感受)			
书写规范,无错别字。2分(书写干净、工整)(较工整)(字体潦草)			
标点符号使用正确。1分(运用恰当、规范)(较规范)(不合理、不恰当)			
同学总结评价: 点评人:			
教师针对性点评: 			
最终评价			
优秀 ｜ 良好 ｜ 及格 ｜ 不及格			

案例二:

这儿真美
——统编版三年级上册第六单元
第一课时 群文阅读 读中学写

三年级上册第六单元的课文带着我们跟着不同作者的笔触饱览了祖国的大好河山,它们风景优美,各具特色。《富饶的西沙群岛》向我们展示了那里的海水、海底、海岛不同的特点;《海滨小城》向我们展示了海滨城市的独特景色;《美丽的小兴安岭》也向我们描述了那里四季的美景，同学们，让我们再次走进这三篇课文，去感受祖国美景的不同特色吧！

【学习目标】

1. 学会运用对比阅读的方法，体会写景文章的结构特点。

2. 学习文章中的围绕景物特点把内容写具体的方法。

3. 通过读、行、写的综合训练，能够学习描写景物的方法，并在写作中表达自己真实的感受。

【学习过程】

一、梳理文章结构

具体描写的景物　　　　　　　　你的感受

《富饶的西沙群岛》

具体描写的景物　　　　　　　　你的感受

《海滨小城》

具体描写的景物　　　　　　　　你的感受

《美丽的小兴安岭》

二、聚焦重点段落，学习写法

西沙群岛、海滨小城、小兴安岭都给同学们留下了深刻的印象，作者又是怎样把它们的特点写出来的呢？请你对比阅读、仔细思考，完成下列表格。

课文	片段	发现			
		特点	表现方面	突出特点的关键词	写法表达
《富饶的西沙群岛》	西沙群岛也是鸟的天下。岛上有一片片茂密的树林，树林里栖息着各种海鸟。遍地都是鸟蛋。树下堆积着一层厚厚的鸟粪，这是非常宝贵的肥料。（第五自然段）				
《海滨小城》	小城的公园更美。这里栽着许许多多榕树。一棵棵榕树就像一顶顶撑开的绿绒大伞，树叶密不透风，可以遮太阳，挡风雨。树下摆着石凳，每逢休息的日子，石凳上总是坐满了人。（第五自然段）				
《美丽的小兴安岭》	秋天，白桦和栎树的叶子变黄了，松柏显得更苍翠了。秋风吹来，落叶在林间飞舞。这时候，森林向人们献出了酸甜可口的山葡萄，又香又脆的榛子，鲜嫩的蘑菇和木耳，还有人参等名贵药材。（第四自然段）				

三、创设情境，读写迁移

同学们，学完了《富饶的西沙群岛》，那里的风景一定给你留下了深刻的印象。下面你就是小导游，当游客看到上面的图片时，你想怎样给大家介绍呢？请你试着用上本单元把景物特点写清楚的方法，来选择一幅图片介绍一下吧。

（先想一想你选择的景物有怎样的特点，你想从哪个方面或哪几个方面来说明这个特点，尝试把下面的导游词补充完整吧）

各位游客，大家好，我是导游（   ），欢迎大家来到西沙群岛，我们眼前看到的景物是（   ），这里＿＿＿＿＿＿＿＿＿＿＿
＿＿＿＿＿＿＿＿＿＿＿＿＿＿＿＿＿＿＿＿＿＿＿＿＿＿＿＿＿
＿＿＿＿＿＿＿＿＿＿＿＿＿＿＿＿＿＿＿＿＿＿＿＿＿＿＿＿＿
＿＿＿＿＿＿＿＿＿＿＿＿＿＿＿＿＿＿＿＿＿＿＿＿＿＿＿＿＿

第二课时 观察体验 读写关联

【学习目标】

1. 通过实地观察或回忆，发现景物特点，并进行记录。

2. 在观察中，能有重点地观察突出景物特点的方面。

【学习过程】

一、课前记录

1. 你印象深刻的美景在哪里？

我认为____最美。

2. 这处美景的哪些方面让你觉得美？可以把你认为美的瞬间拍下来，把照片贴在下面的边框里，也可以画一画你眼中的这处美景。

我眼中的美景

二、读中运用

在我们身边也有很多景物，请用上我们学过的方法去仔细观察景物或结合照片进行回忆，并用文字记录下来。（体现的方面可以是一处或者多处）

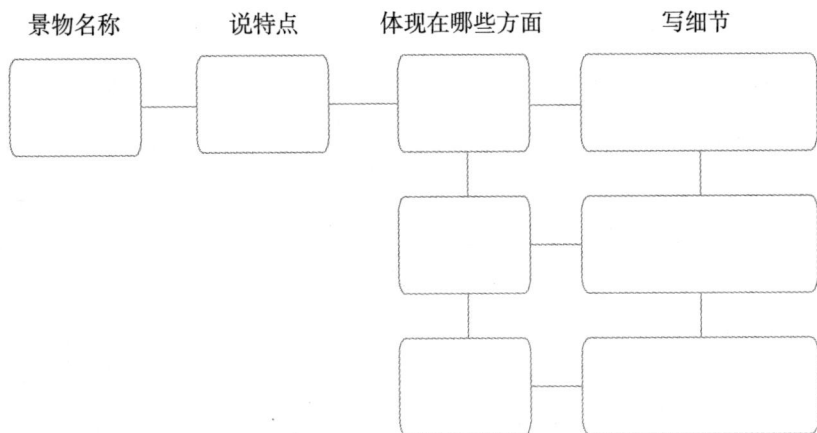

景物名称　　说特点　　体现在哪些方面　　写细节

三、生动描写

再次回顾，尝试调动不同感官去发现景物的特点，并尝试把细节写得更生动。

特点体现方面	看	听	闻	摸	想

四、小组交流

具体要求：

1. 想一想组员的观察记录表是否突出了景物特点。

2. 在突出景物特点的内容上，你还能帮助组员提出什么好的建议。

3. 如果同学的建议合理，请用红笔加到自己的观察记录表中。

五、尝试作文

现在，请你根据自己的观察记录，写一写这处美景。

200

400

第三课时　比较阅读　自主修改

【学习目标】

1. 能围绕景物特点，语句通顺地把景物特点写清楚。

2. 能按一定顺序介绍一处景物。

【学习过程】

一、小组合作，交流讨论

在上节课中同学们都写了自己觉得美丽的地方，请大家在小组内分享你的习作。在组内朗读自己的习作，组内成员依据表中的评价标准，讨论交流修改建议。

此次作文评估	A	B	C	修改建议
语句通顺，书写正确				
能够把景物特点写清楚				
描写景物能有一定顺序				
能调动多种感官观察景物，或有新鲜感的表达				

二、比较阅读，深入讨论修改

老师也有自己认为很美的地方，也把它写了下来，下面的这篇文章就是老师写的，快来读读，然后和自己的文章做比较，看看自己的文章缺少什么？可以添加上什么？请你修改自己的习作。

> ### 春天的小花园
>
> 在我家的楼旁边，有一个美丽的小花园。这里一年四季都风景如画，尤其是春天，各种各样的花都绽开了灿烂的笑脸，美极了！
>
> 周末的时候，我去花园玩，还没走到花园就闻到了一股淡淡的花香。我迫不及待地跑到花园，来到玉兰树下。在那里，我看到美丽的玉兰花正在绽放，有白的，有粉的，还有紫的。那一片片绽开的花瓣，仿佛一只只漂亮的蝴蝶停在枝头上休息。微风轻轻一吹，蝴蝶便展开美丽的翅膀翩翩起舞，有的从枝头缓缓飞下，

盘旋了几圈后飘落到了草坪上。我闭上眼睛，深深地吸了一口气，被那浓郁的花香陶醉了。我展开双臂仿佛自己也变成了一只美丽的蝴蝶，和它们一起欢笑，和它们一起舞蹈。

迎春花和连翘也像报春的使者一样，一朵朵金灿灿的小花纷纷在枝头上绽放，有的已经露出嫩黄的花蕊，有的才展开两三片花瓣，挨挨挤挤的，仿佛一群群调皮、可爱的孩子簇拥到一起，摇摆着手臂争相和我们打招呼。

榆叶梅虽然还没有绽开鲜艳的花朵，但是它的枝头上已经零星地点缀着一个个圆圆的小花骨朵，有粉红色的，有紫红色的，小巧可爱，摸上去硬硬的，仿佛一颗颗彩色的小珍珠，漂亮极了！

除此之外，还有海棠花、碧桃花……

不少名家也写过自己的所见美景，他们是用什么样的语言将景物的特点描写的如诗如画的？请你仔细体会，然后修改自己的文章。

曲曲折折的荷塘上面，弥望的是田田的叶子。叶子出水很高，像亭亭的舞女的裙。层层的叶子中间，零星地点缀着些白花，有袅娜地开着的，有羞涩地打着朵儿的；正如一粒粒的明珠，又如碧天里的星星，又如刚出浴的美人。微风过处，送来缕缕清香，仿佛远处高楼上渺茫的歌声似的。这时候叶子与花也有一丝的颤动，像闪电般，霎时传过荷塘的那边去了。叶子本是肩并肩密密地挨着，这便宛然有了一道凝碧的波痕。叶子底下是脉脉的流水，遮住了，不能见一些颜色；而叶子却更见风致了。

月光如流水一般，静静地泻在这一片叶子和花上。薄薄的青雾浮起在荷塘里。叶子和花仿佛在牛乳中洗过一样；又像笼着轻纱的梦。虽然是满月，天上却有一层淡淡的云，所以不能朗照；但我以为这恰是到了好处——酣眠固不可少，小睡也别有风味的。月光是隔了树照过来的，高处丛生的灌木，落下参差的斑驳的黑影；弯弯的杨柳的稀疏的倩影，却又像是画在荷叶上。塘中的月色并不均匀；但光与影有着和谐的旋律，如梵婀铃上奏着的名曲。

——《荷塘月色》朱自清

> 这时候，月亮已经升得很高了，天空和大海也显得更加清明可爱了。风，轻轻地吹着，掠过了银波闪闪的海面，带来了周围小岛上的五月的花香。在那银波粼粼的海面上，有一条显得特别明亮的银色的光带，笔直地通往月亮升起的地方，使人联想起这是一条通往月宫的大路。这大路，就好像是一片灿烂的碎银铺成的。我们的船，就沿着这条碎银铺成的大路，迎着月亮，向前飞驰前进。
>
> ——峻青《海燕》

三、描写小妙招

（1）不仅要把景物的样子描写出来，还要通过自己丰富的想象，把景物描写得生动形象。

（2）描写景物要有一定的顺序，要有条理。

四、誊写习作成果

现在，你的作文一定精彩了不少，将修改后的作文工工整整地抄写在下面吧。

400